TINTO blau

Arbeitsheft 2
Sprache

von
Dr. Rüdiger Urbanek

Linda Anders
Ursula Brinkmann
Doris Frickemeier
Irmgard Mai
Gabriele Müller

illustriert von
Eva Czerwenka,
Christian und Fabian Jeremies,
Tobias Krejtschi und
Yo Rühmer

Cornelsen

Inhaltsverzeichnis

Der Neue

Die Kinder sprechen über den neuen Mitschüler, der in die Klasse kommen soll.

In diesem Augenblick geht die Tür auf und Frau Berger kommt herein – mit dem Neuen. „Wie ihr seht, bin ich ja heute nicht allein. Das ist euer neuer Mitschüler Marco Batti.“ „Hey!“, sagt Marco und hebt kurz die Hand. Marco hat einen schwarzen Lockenkopf und ist groß und kräftig.

„Kannst du Fußball spielen?“, fragt Jens in die Stille hinein. „Wenn du einen Ball hast“, antwortet Marco.

Manfred Mai

1 Lies die Geschichte.

2 Wie begrüßt Marco die Kinder in der Klasse?
Kreise das richtige Bild ein.

3 Wie sieht Marco aus?
Kreise auch hier das richtige Bild ein.

Welche Sätze haben dir beim Beantworten der Fragen geholfen?
Markiere sie.

Wir

Ich bin ich und du bist du.
Wenn ich rede, hörst du ________ .
Wenn du sprichst, dann bin ich still,
weil ich dich verstehen ________ .

Wenn du fällst, helf ich dir auf,
und du fängst mich, wenn ich ________ .
Wenn du kickst, steh ich im Tor,
pfeif ich Angriff, schießt du ________ .
Spielst du pong, dann spiel ich ping,
und du trommelst, wenn ich ________ .

Allein kann keiner diese Sachen,
zusammen können wir viel ________ .
Ich mit dir und du mit mir,
das sind ________ .

Irmela Brender

1 Lies das Gedicht.

2 Setze die passenden Reimwörter ein:

machen • will • sing • wir • zu • lauf • vor

Setzt euch zu zweit zusammen.
Nehmt euch zusammen ein Blatt und schreibt immer abwechselnd eine Zeile ab. Ihr könnt auch verschiedene Farben benutzen.

Klassenregeln

Wir stellen alles ordentlich an seinen Platz zurück.

Wir erklären anderen etwas, wenn sie es nicht verstehen.

Wir lassen andere mitspielen.

Wir trösten andere, wenn sie traurig sind.

Wir melden uns, wenn wir etwas sagen wollen.

1 Lies die Klassenregeln.

2 Welche Klassenregel gehört zu welchem Bild? Verbinde sie.

3 Welche Klassenregel findest du besonders wichtig? Kreise sie ein.

4 Welche Klassenregeln gelten bei euch? Schreibe sie auf.

Gestaltet ein Plakat mit euren Klassenregeln.

Als ich in die Schule kam

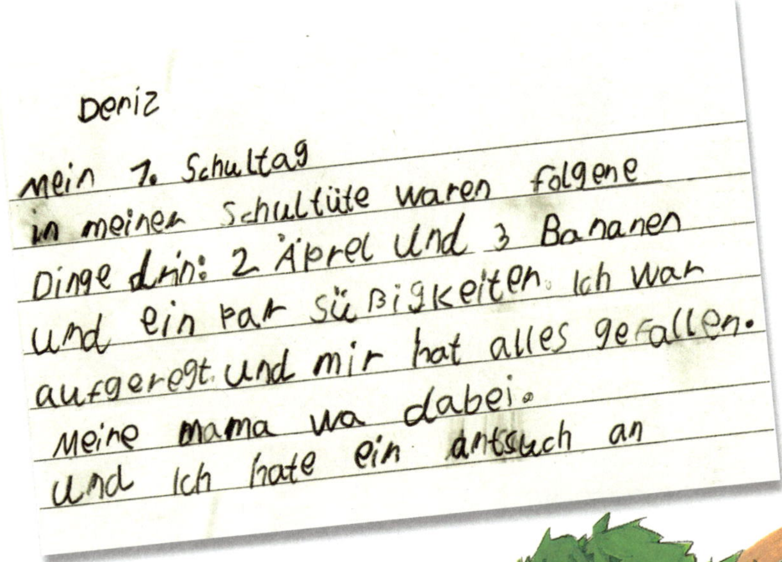

Deniz

mein 1. Schultag
in meinen Schultüte waren folgene
Dinge drin: 2 Äpfel und 3 Bananen
und ein par Süßigkeiten. Ich war
aufgeregt. und mir hat alles gefallen.
Meine mama wa dabei.
und Ich hate ein antsuch an

Mein 1. Schultag

In meiner Schultüte waren
folgende Dinge drin:
2 Äpfel und 3 Bananen und
ein paar Süßigkeiten.
Ich war aufgeregt.
Und mir hat alles gefallen.
Meine Mama war dabei und
ich hatte einen Anzug an.

Deniz

1 Lies den Text.

2 Wie war das bei dir?
Schreibe einen Text
zu deinem ersten Schultag.

Tipp

Wie sah deine Schultüte aus?
Womit war sie gefüllt?
Wer war dabei?
Wie hast du dich gefühlt?

In der Klasse und auf dem Hof

~~Lehrerin~~

Mädchen

Rose

Junge

Kastanie

Hamster

Menschen
Lehrerin

Tiere

Pflanzen

Dinge

Merksatz

Menschen haben einen Namen,
Tiere, Pflanzen und Dinge auch.
Diese Wörter nennt man Nomen (Substantive).
Man schreibt sie groß:
Lehrerin, Fisch, Rose, Kreide

1. Schreibe die Nomen in die richtigen Kästen.
Streiche jedes Nomen auf den Kärtchen durch,
wenn du es aufgeschrieben hast.

Finde zu jedem Kasten ein weiteres passendes Nomen.

Klassenfrühstück

Die Kinder bereiten ein gemeinsames Frühstück vor.
Alle haben etwas mitgebracht:
Da gibt es einen Apfel, eine Banane, eine Gurke,
eine Tomate. Nanu, alles nur einmal? Nein, es gibt

mehrere Ä__________,

mehrere ____________,

mehrere ____________ und

mehrere ____________.

1 Lies den Text. Markiere die Früchte.

2 Ergänze die fehlenden Nomen in der Mehrzahl.

Einzahl	Mehrzahl
ein	mehrere Eier
eine Flasche	
eine Tasse	
	mehrere Teller
ein Messer	

3 Auch das ist auf dem Tisch. Vervollständige die Tabelle.
Markiere die Nomen, die sich in der Mehrzahl nicht verändern.

Merksatz

Nomen gibt es in der Einzahl und in der Mehrzahl:

ein Apfel – mehrere Äpfel
eine Banane – mehrere Bananen
ein Messer – mehrere Messer

Das Alphabet

Text und Melodie: Rüdiger Urbanek

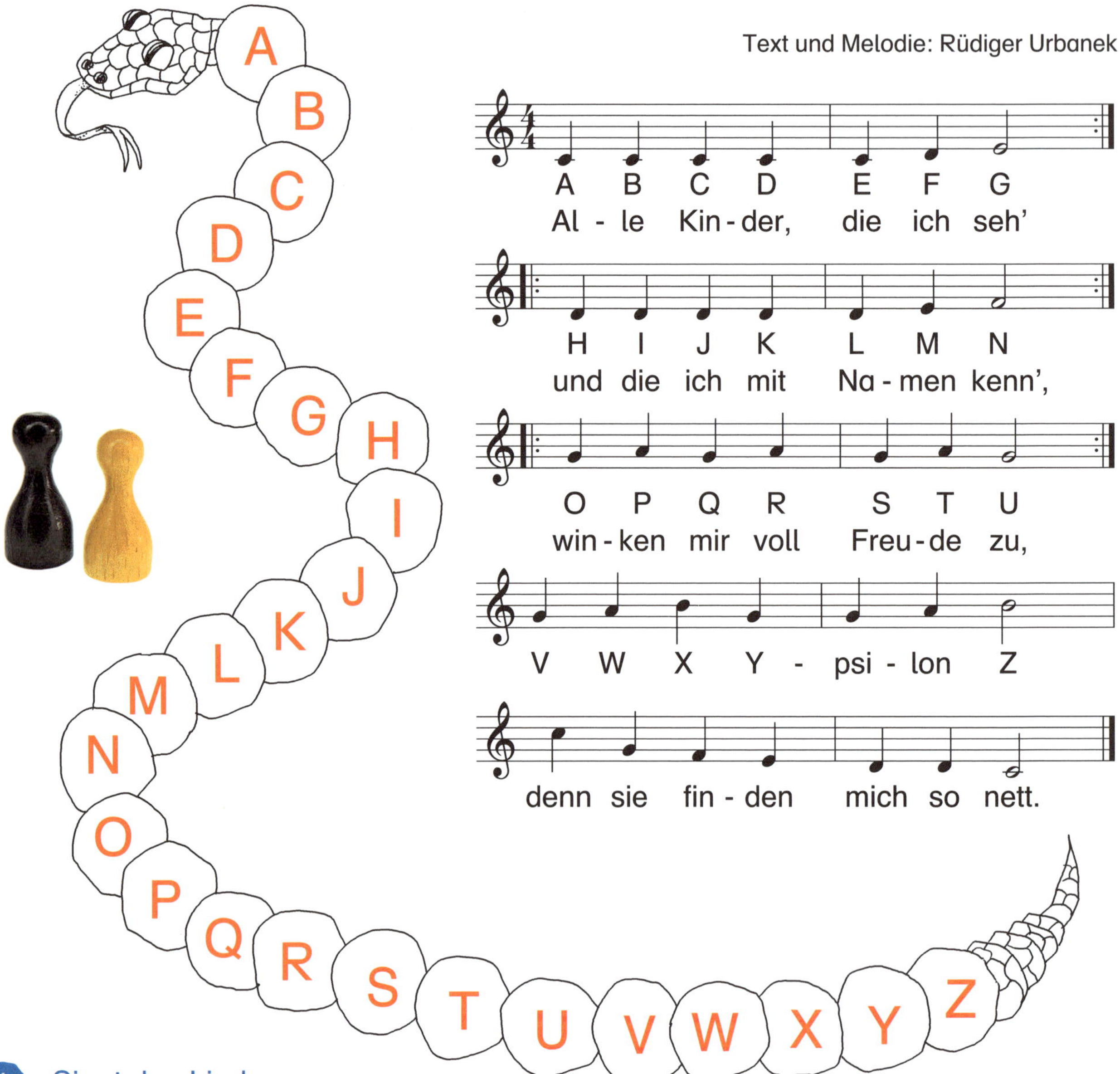

1 Singt das Lied.

2 Spielt zu zweit Buchstaben raten:

- Dein Partner schließt die Augen.
  Dann stellst du eine Spielfigur auf einen Buchstaben.
- Dein Partner öffnet die Augen und sagt, welcher Buchstabe verdeckt ist.
- Sagt er den richtigen, darf er einen Buchstaben verdecken.
  Sagt er den falschen, bist du weiter dran.

Merksatz

Die Buchstaben **A**, **E**, **I**, **O** und **U** nennt man Selbstlaute (Vokale).
Alle anderen Buchstaben nennt man Mitlaute (Konsonanten).

3 Male die Selbstlaute in der Schlange rot an.

Viele Kinder, viele Namen

Das sind die Kinder und die Lehrerin der Raupenklasse:

Lenny	Batuhan	Florian	Ida	Quentin
Anna	Kevin	Svenja	Joel	Elinor
Hannes	Onur	Wanda	Denis	Pauline
Yasemin	Greta	Melissa	Nils	Torben
Umut	Valentin	Rosanil	Xenia	Celine

1. Schreibe die Buchstaben des Alphabets untereinander.
2. Schreibe die Namen hinter die passenden Buchstaben. Streiche die Namenskarten dann durch.
3. Mit welchem Anfangsbuchstaben gibt es kein Kind in der Klasse? ______

Lege eine Liste der Vornamen der Kinder aus deiner Klasse an.

Ideen zum Rechtschreibtraining findest du auf Seite 92.

Rechtschreibtraining

Kinder haben einen Namen.
Manche Namen hörst du oft, andere selten.
Findest du deinen Namen schön?

Vom Auto, das immer stehen blieb

Kinder, wollen wir mal Auto fahren?
Jaaaaaaa!
Wo ist denn der Schlüssel?
Hiiiiiiiier!
Schließ auf – schließ auf!
Brumbrumbrumbrumbrumbruuuu uu uuu uumm Bruu uu uumm!

Aber plötzlich hält das Auto an: Bruuu uu uu uu uuuubumm!
Was ist denn los?
Ach, das Auto muss wohl mal gewaschen werden!
Holt mal den Waschlappen und Seife.
Wasch ab – wasch ab!
Ist das Auto jetzt sauber?
Jaaaaaaa!
Alles einsteigen!
Brumbrumbrumbrumbrumbruuuu uu uuu uumm bruu uu uumm!

Aber plötzlich hält das Auto an: Bruuu uu uu uu uuuubumm!
Was ist denn los? Das Auto stinkt ja so!
Ach, das Auto muss wohl mal die Zähne putzen!
Putzputzputz!
Sind die Zähne vom Auto jetzt sauber?
Jaaaaaaa!
Alles einsteigen!
Brumbrumbrumbruuuuuuu uu uu uu u mmmm brumm mm mm!

Aber plötzlich hält das Auto an: Bruuu uu uu uu uuuubumm!
Was ist denn los?
Ach, da ist ja die Luft aus den Reifen gegangen!
Pustet mal die Reifen wieder auf!
Pfffffffffff! Pffffffffff! Pffffffff!
Ist jetzt wieder Luft in den Reifen?
Jaaaaaaa!

Alles einsteigen!
Brumbrumbrumbrumbrumbruuuuuuuuuuuumbruuuuuum tüt tüt!

Aber plötzlich hält das Auto an: Brummm mm m m m m m bum!
Was ist denn los?
Ach, das Auto hat ja wohl kein Benzin mehr.
Das Auto muss wohl trinken.
Gluck-gluck-gluck-gluck-gluck!
Hat das Auto jetzt getrunken?
Jaaaaaaa!
Alles einsteigen!
Brumbrumbrumbrumbrumbruuuuuuuuuuuumbruuuuuum tüt tüt!

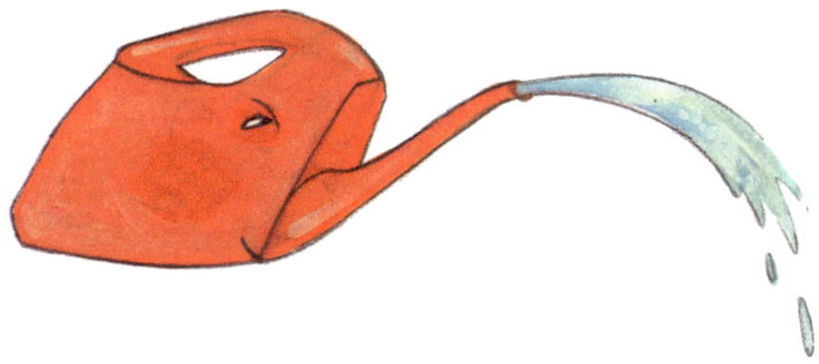

Aber plötzlich hält das Auto an: Bruuu uu uu uu uuuubumm!
Was ist denn los?
Ach, da steht ja eine Kuh mitten auf der Straße.
Geh weg, Kuh! Klatsch – klatsch!
Ist die Kuh jetzt weg?
Jaaaaaaa!
Alles einsteigen!
Brumbrumbrumbrummmm m mm m mm brummm m m m m m mm tüt-tüt!

Aber plötzlich kommt da ein Bach, und das Auto fährt mitten hinein.
Platsch! Bums!

Heinrich Hannover

1 Setzt euch in einer Dreiergruppe zusammen.
Übt, die Geschichte mit verteilten Rollen zu lesen.

Kennst du die Fahrzeuge?

(4) Mit der Straßenwalze
wird der Asphalt* flach gewalzt.

( ) ____________________

( ) ____________________

( ) ____________________

( ) ____________________

( ) ____________________

Kehrmaschine (1) • Hubwagen (2) • Kipplaster (3)
~~Straßenwalze~~ (4) • Abschleppwagen (5) • Wohnmobil (6)

1 Wie heißen die Fahrzeuge? Schreibe die richtigen Nummern zu den Bildern.

2 Schreibe zu jedem Fahrzeug einen Satz.

Kennst du noch ein besonderes Fahrzeug? Schreibe dazu auch einen Satz.

Eine Bild-Geschichte

1. Sieh dir das Bild genau an.
2. Schreibe eine Geschichte zum Bild.
3. Denke dir auch eine Überschrift für deine Geschichte aus.

Tipp

Was passiert gerade?
Was könnte vorher geschehen sein?
Was könnte anschließend geschehen?

Gib den Kindern Namen.
Was rufen die Kinder?
Was sagt der Autofahrer?

Im Straßenverkehr

die ~~Ampel~~	der Bus	das Motorrad	das Fahrrad	die S-Bahn
das Tandem	der Zebrastreifen	der Müllwagen	die Kreuzung	
der Polizist	der Roller	das Taxi	die Rikscha	
die Straße	das Feuerwehrauto			

1 Ordne die Nomen nach ihren Artikeln:

der: ______

die: die Ampel, ______

das: ______

Schreibe die farbig geschriebenen Fahrzeuge nach dem Alphabet geordnet auf:

Bus, ______

Merksatz

Nomen können Artikel (Begleiter) haben:
der Polizist, **die** Ampel, **das** Taxi

Am Bus

die Schule	kommt
Lena wartet	ist aus
der Bus	auf den Bus
viele Leute	und schubsen
einige drängeln	noch einen Platz
zuletzt steigt	wollen einsteigen
zum Glück findet sie	Lena in den Bus

1 Lies und verbinde zu Sätzen.

2 Schreibe die Sätze auf.
Achte auf die Großschreibung am Satzanfang und den Punkt am Satzende.

Die Schule ist aus.

Merksatz

Das erste Wort in einem Satz schreiben wir groß.
Am Satzende steht oft ein Punkt: **Die Schule ist aus.**

Auf der Straße zu sehen

Wimp___

Roll___

Spieg___

Briefkast___

Schild___

Amp___

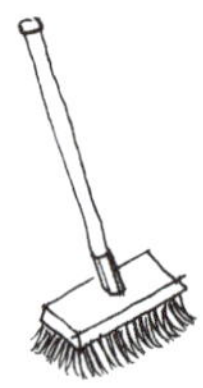

Bes___

Fußgäng___

Kinderwag___

Zebrastreif___

Blink___

Kab___

1 Ergänze die passenden Endungen: **-el**, **-en**, **-er**.

2 Trage die Wörter in die Tabelle ein:

-el	-en	-er

Suche im Wörterbuch vier weitere Wörter mit **-er**.

St, Sp oder Sch?

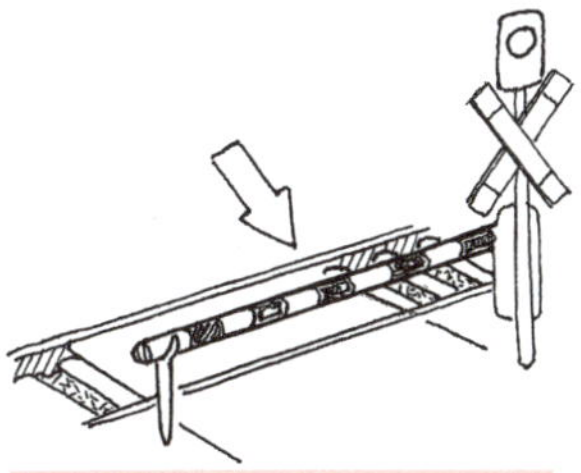		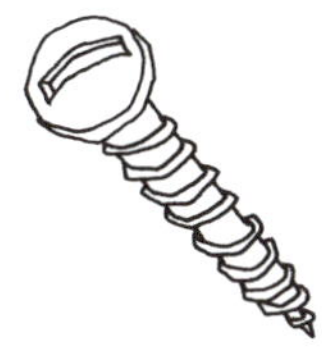	
___ranke	___ielplatz	___raube	___wanz
			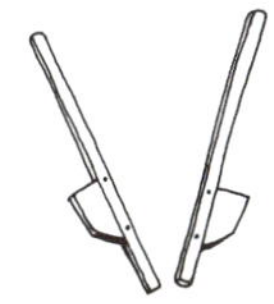
Zebra___reifen	___ur	___iegel	___elzen
		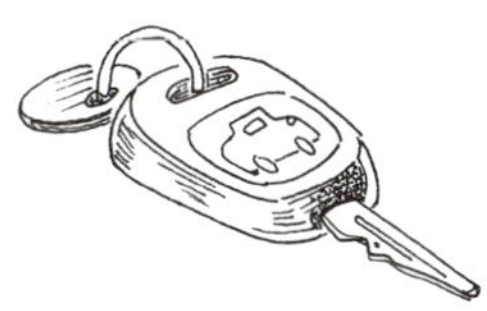	
___raße	___eiche	___lüssel	___iefel

1 Ergänze den passenden Wortanfang: **St**, **Sp** oder **Sch**.

2 Zeichne eine Tabelle und trage die Wörter mit **St** und **Sp** ein.

St	Sp

Schreibe noch acht weitere Wörter mit **St**/**st** und **Sp**/**sp** in deine Tabelle.

Rechtschreibtraining

Stefan und sein Bruder laufen aus der Schule nach Hause. Am Zebrastreifen staunt Stefan über eine Reifenspur. Und schon stolpert er über einen Stein.

Zum Nachdenken

Ein Igel saß auf einem Blatt,
das wie die Hand fünf Finger hat,
auf einem Baum.
Du glaubst es kaum!

Der grüne Igel, stachelspitz,
fiel auf den Kopf dem kleinen Fritz,
von seiner Mütze
in die Pfütze.

Da war es mit dem Igel aus.
Er platzte, und was sprang heraus
mit einem Hops?
Ein brauner Mops!

Hermann Siegmann

1 Lies das Gedicht. Übe, es vorzutragen.

2 Was ist gemeint? ______________________________

Lerne das Gedicht auswendig.

Der Igel

Nachts durchstreift der Igel Gärten und Wiesen und sucht Nahrung. Seine feine Nase und sein gutes Gehör helfen ihm bei der Futtersuche. Er frisst Schnecken, Käfer, Regenwürmer und Insekten.

Im Herbst frisst der Igel sich eine dicke Fettschicht an. Wenn es dann im Oktober kühler wird, baut er sich ein geschütztes Blätternest. Dort liegt er zusammengekugelt bis etwa März. Er hält Winterschlaf. In dieser Zeit zehrt er von seinem Speck.

Bei Gefahr rollt der Igel sich zu einer stacheligen Kugel zusammen. Fuchs, Dachs, Uhu und Greifvögel sind seine Feinde. Besonders kleine und kranke Igel sind gefährdet. Die größte Gefahr für den Igel ist aber das Auto.

Ein Igel besitzt ungefähr 6 000 Stacheln, die genau wie Haare ausfallen und nachwachsen. 100 Flöhe können auf einem Igel Platz finden.

1 Lies die Texte.

2 Beantworte die Fragen:

a) Wo schläft der Igel im Winter?

---

b) Wovon ernährt sich der Igel?

---

c) Welche Feinde hat der Igel?

Denke dir noch weitere Fragen zu den Texten aus.

Der Igel ist für sein Leben gut ausgerüstet

Der Igel ist braun und grau,	macht der Igel Winterschlaf.
Weil es im Winter nur wenig Futter gibt,	kann er nachts Futter suchen.
Weil der Igel gute Ohren und eine feine Nase hat,	deshalb ist er im Gebüsch schlecht zu sehen.
Weil der Igel sich bei Gefahr zu einer Kugel zusammenrollt,	kann er den Winter überleben.
Weil der Igel sich im Herbst eine Fettschicht anfrisst,	ist er vor vielen Feinden sicher.

1 Lies und verbinde zu passenden Sätzen.

2 Wer ist gefährlich für den Igel? Kreise ein.

Schreibe einen Steckbrief zum Igel.
Du kannst in Büchern und im Internet forschen.

mithilfe von Text- und Sachwissen Informationen zuordnen /
Medien zur Informationsbeschaffung nutzen / Informationen im Steckbrief darstellen

Max und der Drachen

Max freut sich. Endlich Wind! Endlich kann er seinen Drachen steigen lassen. Der Drachenschwanz flattert schon wild. Die Reise kann beginnen. „Am liebsten würde ich mitfliegen“, denkt Max. Da kommt ein starker Windstoß und Max hebt mit seinem Drachen ab …

1. Lies die Geschichte.
2. Was erlebt Max auf seiner Reise mit dem Drachen? Schreibe die Geschichte weiter.

Tipp

Was geschieht mit Max?
Wie fühlt sich Max?
Wohin fliegt Max mit seinem Drachen?
Kommt Max wieder auf die Erde zurück?

Früchte im Herbst

es ist Herbst | oft bläst ein starker Wind dann fallen viele bunte Blätter von den Bäumen Eicheln und Kastanien liegen auf dem Boden die Äpfel sind reif jetzt kann geerntet werden

1 Lies den Text und mache Pausen, wo etwas Neues beginnt.
Mache dort einen Strich. Es sind sechs Sätze.

2 Schreibe den Text ab.
Schreibe die Satzanfänge groß. Setze Punkte am Satzende.

Merksatz

Aussagesätze erzählen, was geschieht.
Am Ende eines Aussagesatzes steht ein Punkt:
Es ist Herbst.

Gemeinsam basteln

Sollen wir Wurfkastanien basteln ☐

Gleich habe ich Zeit ☐

Was brauchen wir dafür ☐

Wie viele Kastanien hast du ☐

Ich bin schon fertig ☐

Kannst du mir den Bohrer leihen ☐

Wie lang soll das Krepp-Papier sein ☐

Ich kann dir auch gerne helfen ☐

1. Lest die Sätze. Überlegt: Welche Sätze sind Fragen?
2. Setze am Satzende . oder ? ein.
3. Denke dir noch drei Fragen aus und schreibe sie auf.

____

____

____

Stelle einem anderen Kind Fragen.

Merksatz

Am Ende einer Frage steht ein Fragezeichen:
Wie viele Kastanien hast du?

Herbstwetter

Draußen stürmt es.

Regentropfen ____________ ans Fenster.

Tim zieht seine Regensachen an und geht hinaus.

Er ____________ durch die ____________

und ____________ dabei.

Tim wird nass von ____________ bis Fuß.

Zu Hause ____________ seine Mutter:

„____________, du siehst ja aus wie ein Ferkel!“

~~Regentropfen~~ | klopfen | stapft | Kopf | pfeift | Pfui | Pfützen | schimpft

1 Lies den Text.
Setze die passenden Wörter ein.

2 Schreibe alle Wörter mit **Pf** oder **pf** auf.

Suche noch mehr Wörter mit **Pf** oder **pf** und schreibe sie auf.

3 Lies den Zungenbrecher so schnell du kannst:

Pflaumenblaue Pferde pflanzen pfeifend Pfirsichbäume.
Pfirsichbäume pflanzen pfeifend pflaumenblaue Pferde.

Herbstwörter

B wie  oder P wie 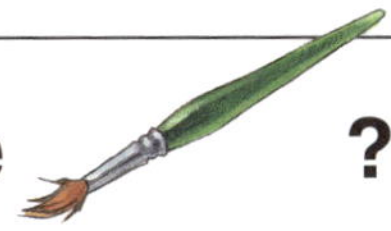 ?

  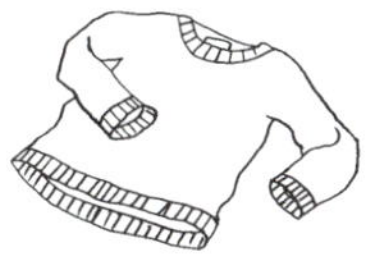  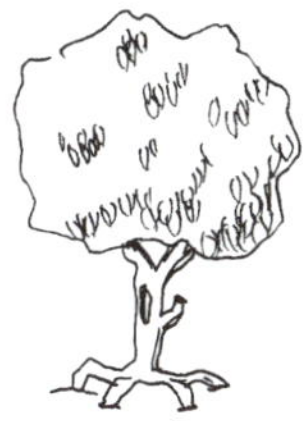

___latt ___ilz ___ullover ___rombeere ___aum

D wie  oder T wie  ?

    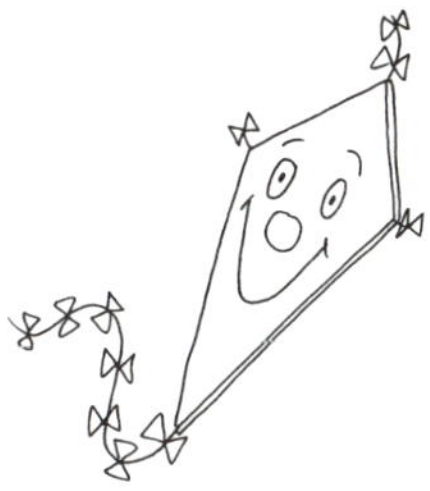

___ach ___ropfen ___aube ___anne ___rachen

G wie  oder K wie  ?

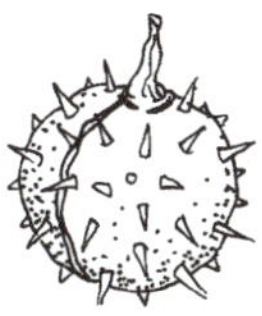   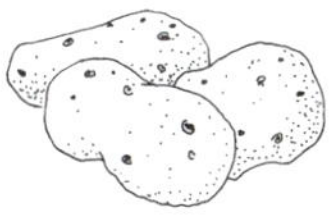 

___astanie ___äfer ___ras ___artoffeln ___ummistiefel

1 Probiere, welcher Buchstabe passt.
Trage die richtigen Buchstaben ein.

2 Schreibe die Wörter auf.

Rechtschreibtraining

Jonas sucht im Park Kastanien.
Es regnet und Jonas flüchtet sich unter einen Baum.
Da landet eine Kastanie auf seinem Kopf. Jonas schimpft.

Tim und Pia: ganz allein!

Tim und Pia streiten. Oft!
Wie das bei Geschwistern eben
so ist. Leider ziemlich oft!
„Her mit meinem Teddy,
Großklotz!“, kreischt der Tim.
„Weg von meinem Schulheft,
Babyklein!“, kreischt die Pia.
Sie raufen und kneifen,
sie kratzen und beißen.
Bis beide heulen. Tim und Pia.
Und Mama und Papa seufzen!
Brave Kinder, das wäre schön!
Stille Kinder, das wäre schön!
Bis die Eltern es satthaben!
Eines Tages und ganz plötzlich!

„Ich gehe!“, schreit Mama.
„Ich halte es nicht mehr aus!“
„Ich gehe mit!“, schreit Papa.
Und packt tatsächlich die Koffer.
Tim und Pia staunen.
Die Eltern gehen wirklich!
Das kann man an den Koffern sehen.
„Für drei Tage“, schnauft Papa und
schleppt die schweren Koffer.
„Essen ist im Kühlschrank“,
winkt Mama. Dann sind beide weg.
Tim und Pia jubeln los!
Gemeinsam! Drei Tage ohne Eltern!
Herrlich! Vergessen ist der Streit!

Tim und Pia frühstücken.
Ungewaschen, ungekämmt,
mit ungeputzten Zähnen sowieso.
Brathühnchen und Wackelpudding.
Herrlich!
Dann wird getobt. Im Zimmer von
den Eltern. Verkleidet als Mama
und Papa. Und fröhlich schmeißen sie
Sachen rum. Alle! Das macht Hunger!
Mama Tim muss kochen.
Das kann er gut. Meint er!
Müsli mit Kartoffelbrei.
Papa Pia isst brav auf.
Und trinkt drei Liter Limo.

Gudrun Mebs

1 Lies die Geschichte mit einem Partner.
Lest immer abwechselnd ein Stück.

2 Tim und Pia sind allein zu Hause. Wie findest du das?
Sprecht darüber.

Wie könnte die Geschichte weitergehen? Schreibe es auf.

Für Lesedetektive

○ Mama und Papa fahren allein weg, weil sie ihre Kinder nicht mögen.
○ Mama und Papa fahren allein weg, weil sich ihre Kinder so oft streiten.
○ Mama und Papa fahren allein weg, weil ihre Kinder schon groß sind.

○ Pia und Tim sind erstaunt, dass ihre Eltern wirklich wegfahren.
○ Pia und Tim sind erstaunt, dass ihre Eltern sich vertragen.
○ Pia und Tim sind erstaunt, dass ihre Eltern sich über sie ärgern.

○ Die Kinder trinken Milch und essen einen Apfel.
○ Die Kinder essen Bananen-Quark-Eistüten.
○ Die Kinder essen Brathühnchen und Wackelpudding.

○ Pia und Tim finden es langweilig, allein zu Hause zu sein.
○ Pia und Tim finden es traurig, allein zu Hause zu sein.
○ Pia und Tim finden es lustig, allein zu Hause zu sein.

1 Du hast die Geschichte auf Seite 28 gelesen.
Kreuze nun an, welche Sätze stimmen.

Oma, Mira und der wilde Wolf

„Komm, wir spielen“, ruft Oma.
Ich krabbel aus meinem Versteck.
Mit Oma kann man gut spielen!
Oma ruft:
„Ich bin der wilde Wolf!“
Sie will mich fangen.
Aber ich bin auch ein wilder Wolf.
Ich brülle laut und laufe ihr entgegen.
Ich falle ihr in die Arme.
Wir sind beide wilde Wölfe.
Wir tanzen und toben.
Wir heulen und knurren.
Wir machen einen Wolfstanz.

Dann fängt Oma mit einer Geschichte an.
Sie sagt einen Satz.
Ich sage den nächsten Satz.
So erfinden wir Geschichten.
Geschichten von wilden Wölfen.
Denn wilde Wölfe
können einfach alles erfinden!

Elisabeth Zöller

1 Lies die Geschichte.

2 Suche dir einen Partner.
Erfindet gemeinsam eine Geschichte wie Oma und Mira, immer abwechselnd.

Schreibt eure Geschichte auf und lest sie vor oder malt Bilder zu eurer Geschichte und erzählt sie den anderen.

So viel Müll!

Der Mülleimer ist schon wieder voll.
Aber niemand will ihn leeren.

1. Lies die Sätze und probiere aus:
   Welche Sätze kannst du rufen? Setze dort ein Ausrufezeichen!
   Alle anderen Sätze bekommen einen Punkt.
2. Suche dir einen Partner. Lest die Sätze mit passender Betonung.
   Ihr könnt das Gespräch auch spielen.

Merksatz

Nach einem Ausruf kann ein Ausrufezeichen stehen:
Fatma, bring den Müll raus!

Bananen-Quark-Eistüten

Rezept für
4 Kinder

Bananen-Quark-Eistüten

1. Wir schälen zwei Bananen und zerdrücken sie mit einer Gabel in einer Schüssel.
2. Wir gießen den Saft einer halben Zitrone dazu.
3. Wir schlagen einen halben Becher Sahne.*
4. Wir geben 250 g Quark, 1 Päckchen Vanille-Zucker und die geschlagene Sahne in die Schüssel.
5. Wir verrühren alles kräftig.
6. Wir füllen den Bananenquark in 4 Eistüten.

Wir wünschen guten Appetit!

1 Lies das Rezept.

2 Markiere alle Zutaten.

3 Schreibe alle Zutaten auf. Denke an die Mengen.

3 Probiert das Rezept in der Klasse aus.

Zutaten

____

____

____

____

____

____

Was du alles kannst

Der Mutter den Kuchenteig rühren,
einen Blinden über die Straße führen.
Die Zehen und Finger zählen,
deine Freunde wählen.
Beim Spiel verweilen,
das Brot und den Apfel teilen.
Über dein Brüderchen wachen,
singen, tanzen und lachen,
dein Dreirad lenken –
und denken.

Max Bolliger

1 Lies das Gedicht.

2 Markiere alle Wörter, die sagen, was du kannst.

Markiere auch die Verben auf Seite 32.

Merksatz

Wörter, die sagen,
was man tut oder was geschieht,
nennt man Verben:
rühren, schreiben, regnen

Was ich alles kann

a	g	m	t
b	h	n	u
c	i	ordnen	versprechen
d	j	p	w
e	k	q	x
f	l	r	y
		s	z

3 Schreibe ein „Was-ich-alles-kann"-Alphabet auf.
Du musst nicht zu jedem Buchstaben ein Wort finden.

In der Küche

Merksatz

Bei manchen Wörtern kannst du nicht hören, wie sie am Ende geschrieben werden. Dann musst du ein verwandtes Wort suchen.
Kin**d** gehört zu Kin**d**er, also mit **d**:
Kind ←d→ **Kinder**
Stau**b** gehört zu stau**b**ig, also mit **b**:
Staub ←b→ **staubig**
Kru**g** gehört zu Krü**g**e, also mit **g**:
Krug ←g→ **Krüge**

d oder t?

Kin d ←d→ Kinder
Mun__ ←→ ______
Freun__ ←→ ______
kal__ ←→ ______
gesun__ ←→ ______

b oder p?

Stau b ←b→ staubig
Sie__ ←→ ______
gel__ ←→ ______
Kor__ ←→ ______
hal__ ←→ ______

g oder k?

Kru g ←g→ Krüge
Ta__ ←→ ______
ferti__ ←→ ______
Musi__ ←→ ______
We__ ←→ ______

1 Suche immer ein verwandtes Wort. Ergänze die fehlenden Buchstaben.

Suche dir aus jedem Kasten ein Wort aus und schreibe damit einen Satz.

Rechtschreibtraining

Jonas hat Besuch. Sein Freund ist da und hat seinen Hund mitgebracht. Sie toben wild im Garten und werfen mit Laub. Das ist lustig.

Viel zu tun

wir üben	Leon ______________	Flötespielen.
wir schreiben	Lena ______________	eine E-Mail an Tim.
wir liegen	Das Baby ______________	im Bettchen.

1 Setze die passenden Verben ein.

g oder k ?

sie le_g_t ←g→ legen

er fe__t ⟷ ______________

er trin__t ⟷ ______________

b oder p ?

er to__t ⟷ ______________

sie he__t ⟷ ______________

sie pum__t ⟷ ______________

2 Suche immer ein verwandtes Wort und ergänze die fehlenden Buchstaben.

g oder k ? b oder p ?

Tim backt. Er wie__t den Zucker.
Er sie__t das Mehl. Er schlä__t die Eier auf.
Zum Schluss le__t er die Kekse auf das Blech
und schie__t es in den Ofen. Dann blei__t er
vor dem Ofen sitzen, bis der Wecker pie__t.

3 Setze die fehlenden Buchstaben ein.

Suche zu den Verben im Text immer ein verwandtes Wort.

Schreibe so: er wiegt ←g→ wiegen

Jetzt sind wir fünf

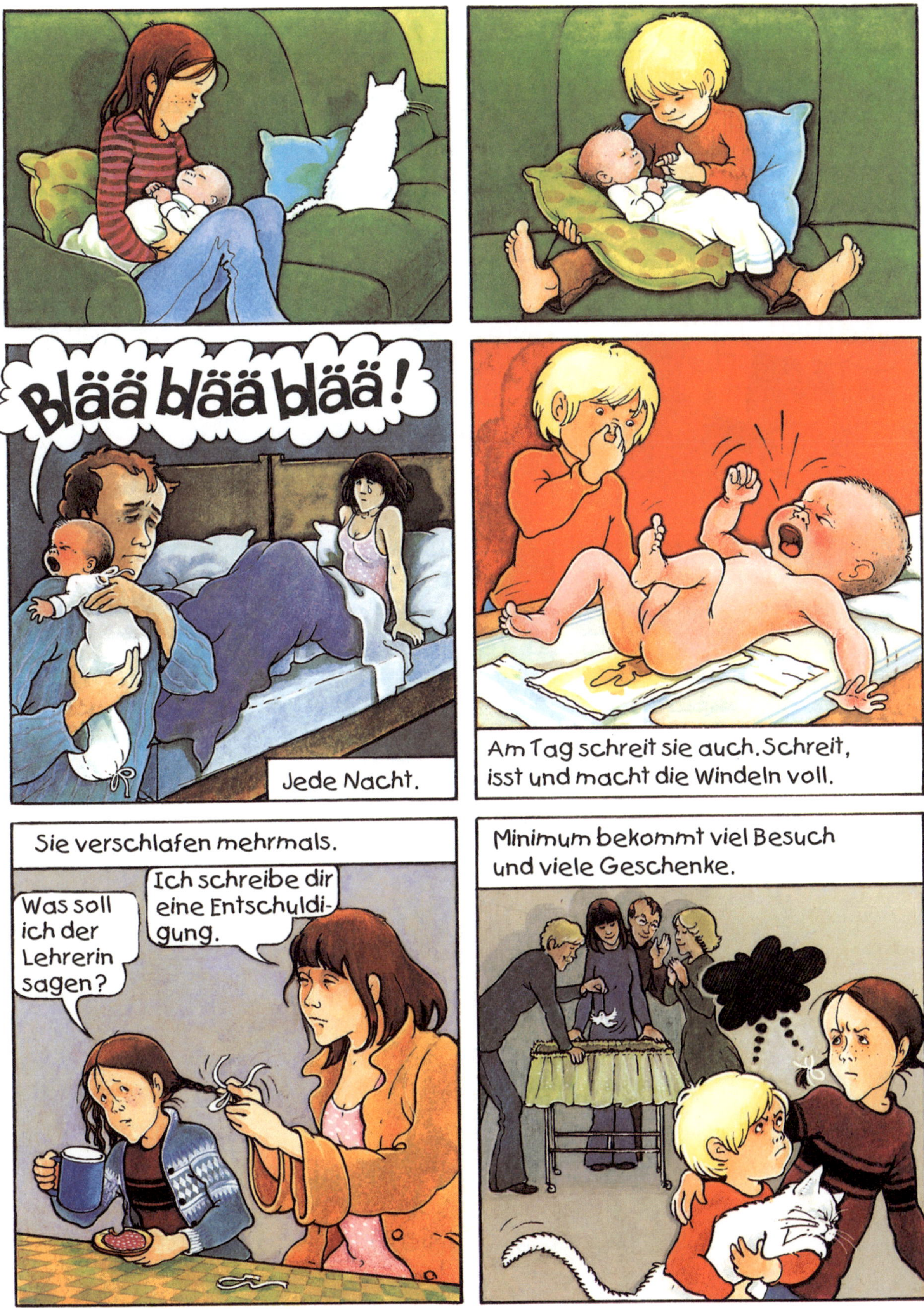

Grethe Fagerström und Gunilla Hansson

1 Lies den Comic.

2 Male alle Sprechblasen gelb an. Alle übrigen Texte male grün an.

Rund ums Baby

1 Schreibe in die Denkblase, was Ida und Peter denken könnten.

2 In einem Comic erfährst du vieles nur aus den Bildern.
Beantworte die Fragen zu den Seiten 36 und 37:

a) Wie heißt das Baby? ______________________

b) Ist das Baby ein Junge oder ein Mädchen? ______________________

c) Was bedeutet „stillen"? ______________________

d) Was passiert jede Nacht? ______________________

Als ich ein Baby war

Ich bin am ______________ geboren.

Bei meiner Geburt war ich ________ cm groß

und wog ________ Gramm.

Ich hatte ______________ Augen

und ______________ Haare.

Bild

3 Fülle die Lücken im Kasten aus. Deine Eltern können dir helfen.

Wie war es, als du ein Baby warst?
Lass dir etwas von deinen Eltern erzählen und schreibe es auf.

Empfindungen von Figuren nachvollziehen / einem Text (Comic) Informationen entnehmen /
Steckbrief ausfüllen / Begebenheiten aus dem eigenen Leben aufschreiben

Meine Geburtstagsfeier

Gestern haben wir in der Klasse meinen Geburtstag gefeiert. Auf meinem Platz stand eine Blume. Ich durfte das Morgenlied aussuchen. Dann hab ich meinen Stuhl in die Mitte gestellt und bestimmt, wer mich hochheben darf. Alle haben mir das Geburtstagslied vorgesungen. Zum Schluss haben mich Tim, Lena, Niko und Umut hochgehoben und alle haben „hoch, hoch, hoch" gerufen. Fast wäre ich vom Stuhl gefallen, aber unsere Lehrerin hat mich festgehalten. In der Frühstückspause ist plötzlich meine Mama gekommen und hat jedem einen Luftballon geschenkt. Das war eine Überraschung!

Jonas

1. Lies die Geschichte von Jonas.
2. Schreibe auf, wie dein Geburtstag in der Klasse gefeiert wurde.

Manchmal passieren auf Geburtstagen lustige oder komische Dinge. Schreibe es auf. So kannst du beginnen:

Einmal ist bei meinem Geburtstag etwas Lustiges passiert.
Ich hatte …

Tag – Woche – Monat – Jahr

der Kalender – ein Kalender

____

____

____

____

____

____

____

1 Schreibe die Nomen mit beiden Artikeln auf.

Merksatz

Es gibt bestimmte Artikel (**der**, **die**, **das**) und unbestimmte Artikel (**ein**, **eine**):
der Tag – **ein** Tag, **die** Woche – **eine** Woche, **das** Jahr – **ein** Jahr

Ein Jahr hat 12 Monate.

_____ Monat hat ungefähr 4 _____.

_____ Woche hat 7 _____.

_____ Tag hat 24 _____.

_____ Stunde hat 60 _____.

Eine Minute hat 60 Sekunden.

2 Setze die passenden Artikel und Nomen ein.

Schreibe den Text umgekehrt auf. Beginne so:

60 Sekunden sind eine Minute.
60 Minuten sind …

Winterzeit – Sommerzeit

Im März und im Oktober müssen wir unsere Uhren umstellen, von der Winterzeit auf die Sommerzeit oder ___gekehrt. Im Fernsehen wird genau erklärt, ob wir die Uhr eine Stunde ___stellen oder eine Stunde ______stellen müssen. Wenn wir uns dabei ___tun, werden wir uns ganz komisch ___kommen. Morgens werden wir zur falschen Zeit ___stehen. In der Schule werden wir zur falschen Zeit ___kommen. Und abends werden wir zur falschen Zeit ___schlafen. Aber da haben wir sicher schon gemerkt, was los ist.

an • auf • ein • um • ~~um~~ • ver • vor • vor • zurück

1 Setze die passenden Wortbausteine ein.

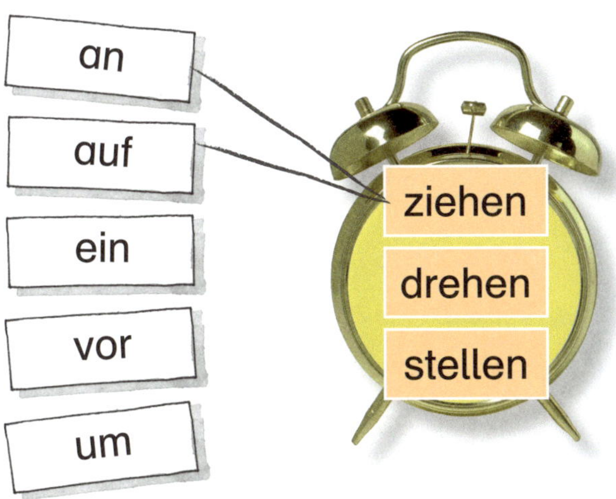

anziehen

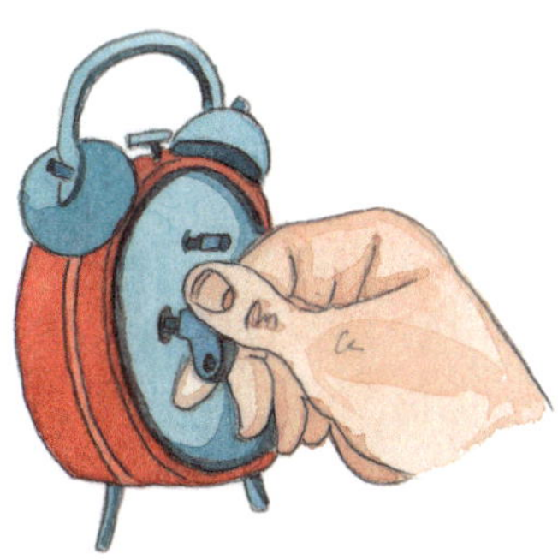

aufziehen

2 Welche Verben kannst du bilden? Schreibe sie auf.

Wähle drei Verben mit einem Wortbaustein aus und schreibe dazu einen Satz.

Tag und Woche

Lies Lenas Gedicht. Warum stimmt der erste Satz? Erkläre.

Der Tag ist lang, die Woche nicht.
Glaubst du mir, was ich sage?
Hör auf den Klang, hör, wie man spricht!
Der Selbstlaut klärt die Frage.

 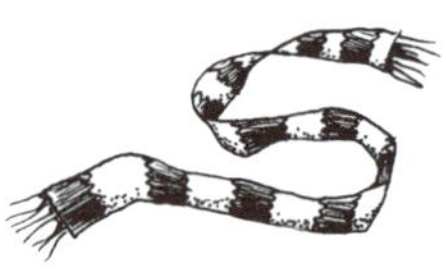 

1 Sprich die Wörter zu den Bildern einmal mit langem und einmal mit kurzem Selbstlaut. Wie klingt es richtig?
Klingt der erste Selbstlaut lang, setze unter das Bild einen Strich.
Klingt der erste Selbstlaut kurz, setze unter das Bild einen Punkt.

—	•
Tag	

Merksatz

Wenn du wissen willst, ob ein Selbstlaut lang oder kurz ist, sprich das Wort unterschiedlich aus:
Tag oder **Tag**,
Nacht oder **Nacht**?

2 Schreibe die Bild-Wörter in die Tabelle.
Setze unter den langen Selbstlaut einen Strich, unter den kurzen einen Punkt.

Mittagessen

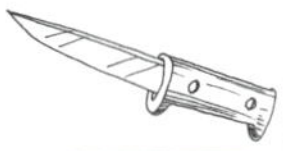

• | M | e | s | s | e | r

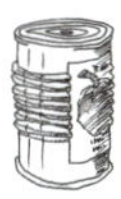

P | f

1 Sprich die Bild-Wörter einmal mit langem und einmal mit kurzem Selbstlaut. Wie klingt es richtig? Setze bei den langen Selbstlauten einen Strich und bei den kurzen einen Punkt unter das Bild.

2 Schreibe die Wörter. In jedes Kästchen gehört ein Buchstabe. Kennzeichne auch den langen und den kurzen Selbstlaut.

Merksatz

Nach einem kurzen Selbstlaut stehen (mindestens) zwei Mitlaute:

M**e**ss**er**, S**upp**e, Z**elt**, N**acht**

Suche im Wörterbuch acht Wörter mit doppeltem Mitlaut und schreibe sie auf.

Rechtschreibtraining

Das Baby jammert. Es will seinen Schnuller. Den holt die Mutter schnell aus dem Badezimmer. Dann legt sie das Baby ins Bett. Nun ist es still.

Prinzessin Rotznase

Eines Tages geht die Prinzessin im Garten spazieren.
Da kommt der Prinz und sagt: „Verzeih, liebe Prinzessin, dir hängt ein Rötzlein zur Nase heraus.“
Da sagt die Prinzessin: „Na und? Lass es hängen.“
„Oh weh!“, sagt der Prinz.
„Wenn der Prinzessin ein Rötzlein zur Nase raushängt, so will ich mich nicht mehr kämmen.“

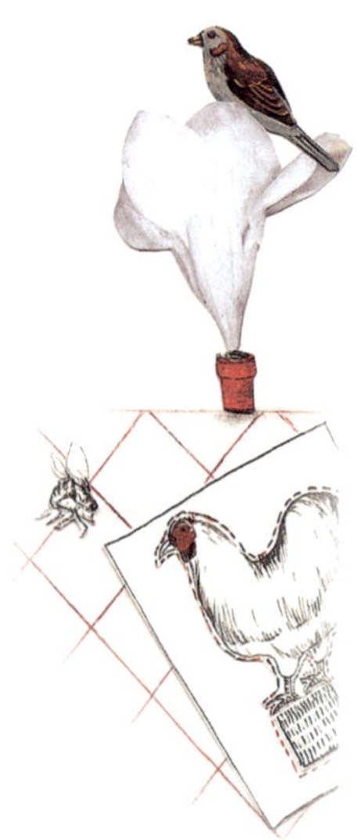

Nicht lange, da trifft der Prinz den König.
„Lieber Prinz, warum bist du so ungekämmt?“
„Ach Herr König, ich will mich nicht mehr kämmen, weil der Prinzessin ein Rötzlein zur Nase raushängt!“
„Oh weh“, sagt der König, „so will ich mich nicht mehr waschen!“

Nicht lange, da trifft der König den Zauberer.
„Herr König, warum seid Ihr so ungewaschen?“
„Ach Herr Zauberer, ich will mich nicht mehr waschen,
weil der Prinz sich nicht mehr kämmt,
weil der Prinzessin ein Rötzlein zur Nase raushängt.“
„Oh weh“, sagt der Zauberer,
„so will ich meine Kleider zerreißen!“

Nicht lange, da trifft der Zauberer die Hexe.
„Herr Zauberer, warum sind Ihre Kleider zerrissen?“
„Ach Frau Hexe, ich habe meine Kleider zerrissen,
weil der König sich nicht mehr wäscht,
weil der Prinz sich nicht mehr kämmt,
weil der Prinzessin ein Rötzlein zur Nase raushängt.“
„Oh weh“, sagt die Hexe,
„so will ich meine Schuhe zerschneiden!“

Nicht lange, …

Martin Auer

1 Lies das Märchen.

2 Welche Farbe gehört zu welcher Person? Male:

Prinz Prinzessin König Zauberer Hexe

3 Lest das Märchen mit verteilten Rollen.
Ihr könnt es auch spielen.

Schreibe das Märchen weiter.
Wen könnte die Hexe treffen? Was passiert dann?

Gesucht: Hexe Tilly

Ihre Haare sind lockig.
Ihr Pullover ist grün.
Ihre Hose ist blau.
Ihr Hut ist lila.
Ihre Schuhe sind grau.
Sie hat eine Zahnlücke.
Und sie trägt Tinto
auf ihrer Schulter.
Das ist Hexe Tilly.

1. Lies die Beschreibung.
   Welche Hexe ist gemeint? Kreise sie ein.
2. Welche Wörter sagen dir, **wie** etwas ist? Markiere sie.
3. Schreibe eine solche Beschreibung für eine andere Hexe. Gib die Beschreibung einem Partnerkind. Findet es die Hexe?

Male selbst eine Hexe und beschreibe sie.

Tipp

Wie sieht die Hexe aus?
Wie ist die Hexe gekleidet?
Tut sie etwas Besonderes?

Kochwettbewerb auf dem Blocksberg

Hexe Hilda hext ihre besten Zutaten herbei.
Dann fängt sie an zu kochen.
Das Rezept schreibt sie sich auf.
Als sie fertig ist, gibt sie ihrer Speise
einen Namen.

Tipp

reiben kochen
schneiden rühren
abschmecken
hinzugeben
hineinschütten
stampfen mischen
erhitzen

1. Schreibe das Rezept für Hilda auf.
2. Gib der Speise einen Namen.

Schreibe eine Geschichte über den Kochwettbewerb.
Wer ist dabei? Schmecken die Speisen? Wer bekommt den 1. Preis?

Der Apfel, der Schneewittchen vergiften sollte

1 Nimm dir einen Apfel und suche Wörter, die beschreiben, **wie** der Apfel ist. Wie sieht er aus? Wie fühlt er sich an? Wie schmeckt er? Wie riecht er? Schreibe die Wörter in den Apfel.

Merksatz

Wörter, die sagen, wie etwas ist, nennt man Adjektive:
rot, alt, saftig

Die böse Königin ging in eine einsame Kammer und machte da einen giftigen Apfel. Äußerlich sah er schön aus, weiß mit roten Backen. Aber wer ein Stück davon aß, der musste sterben. Und als die Königin, die sich als alte Frau verkleidet hatte, zu Schneewittchen kam, sagte sie:
„Siehst du, ich schneide den Apfel in zwei Teile. Die rote Hälfte isst du, die weiße will ich essen."

2 Lies den Text.

3 Markiere alle Adjektive.

Geheimsprache

Die Hexenkinder Gundula, Eusebia und Kunigunde haben sich eine Geheimsprache ausgedacht. Niemand soll ihre Zaubersprüche verstehen. Sie sagen immer das Gegenteil von dem, was sie zaubern wollen. Kunigunde hat eine Liste mit den wichtigsten Wörtern geschrieben, damit keine Fehler passieren:

schwer – ____________________

freundlich – ____________________

lieb – ____________________

fleißig – ____________________

satt – ____________________

sauber – ____________________

rund – ____________________

billig – ____________________

leer – ____________________

schmutzig

hungrig

faul

eckig

unfreundlich

leicht

voll

böse

teuer

1 Schreibe die Gegensätze auf.

glücklich • müde • ordentlich • frech • nass • lustig • laut • bunt

Finde die Gegensätze zu diesen Adjektiven und schreibe sie auf.

Verflixt schwieriges Hexenrätsel

Xenia ist eine ziemlich kleine Hexe.
Aber sie ist schlau. Oberhexenschlau!
In der Hexenschule darf sie den anderen Hexenschülerinnen ein Rätsel mit **X**-Wörtern stellen.

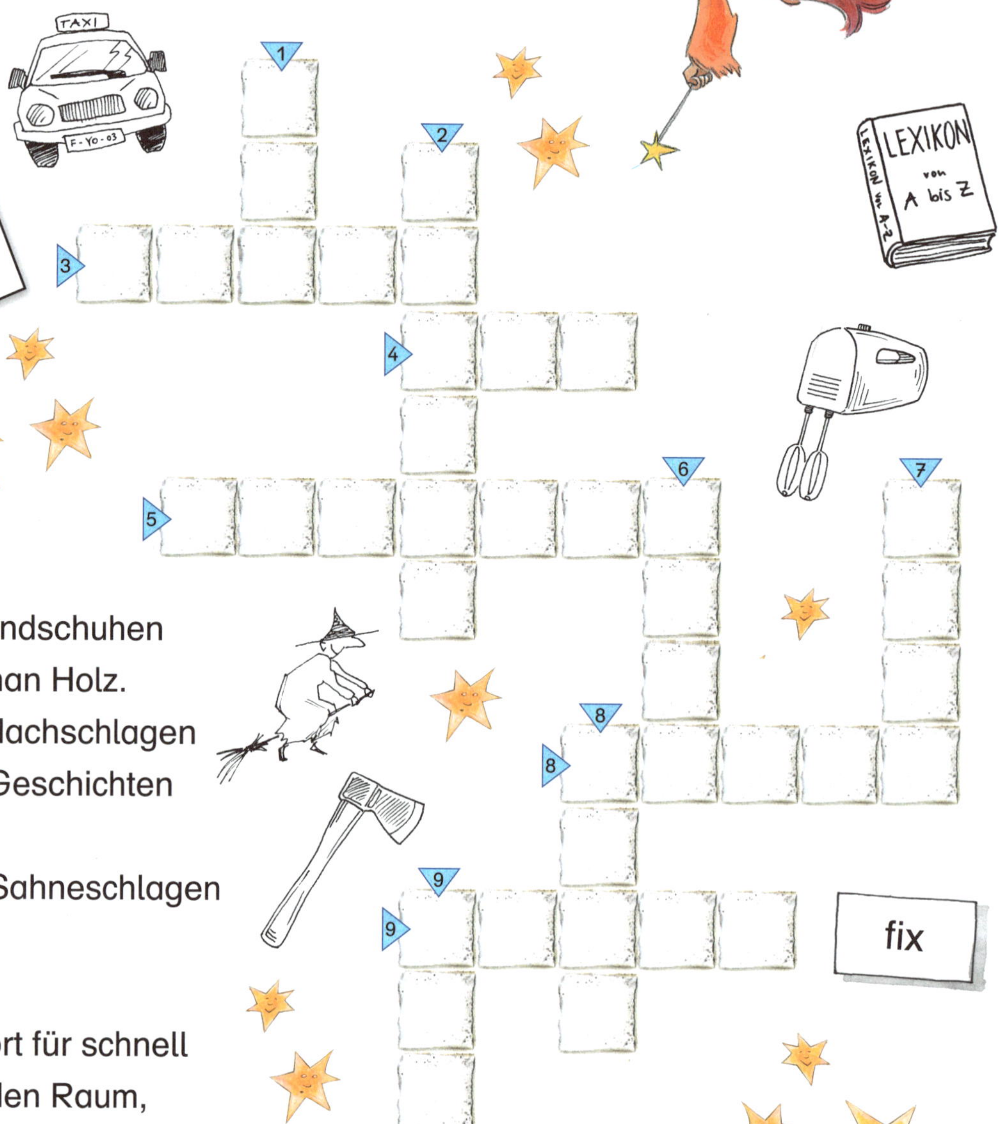

Waagerecht

- 3 ein Sportler mit besonderen Handschuhen
- 4 Damit spaltet man Holz.
- 5 ein Buch zum Nachschlagen
- 8 So nennt man Geschichten und Gedichte.
- 9 ein Gerät zum Sahneschlagen

Senkrecht

- 1 ein anderes Wort für schnell
- 2 So nennt man den Raum, in dem der Arzt arbeitet.
- 6 eine Märchenfigur, die im Wasser lebt
- 7 eine Märchenfigur, die zaubern kann
- 8 ein Auto, in dem man für die Fahrt bezahlt
- 9 ein kurzer Jungenname

1 Löse das Rätsel. Schreibe nur Großbuchstaben.

2 Kreise alle **X** grün ein.

Zaubern ist schwer

Arno nascht gern. Er schwingt seinen Zauberstab und murmelt einen Spruch. Er will eine Birne zaubern. Doch es tropft nur warme Marmelade aus seinen Hosentaschen. Zaubern ist gar nicht so leicht!

1 Die farbigen Wörter enthalten alle ein **r**, das schwer zu hören ist. Schreibe sie auf und kreise das **r** ein:

____

____

____

2 Im Text sind auch zwei Wörter, in denen du das **r** gut hören kannst. Schreibe sie auf:

_______________ _______________

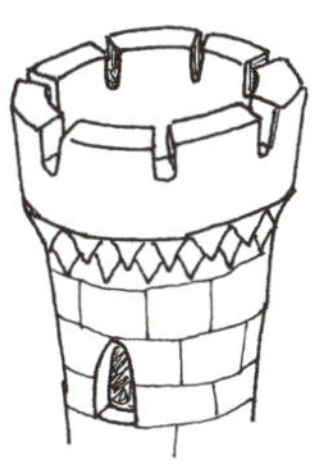

Burg • Arm • Erbse • Märchen • Stern
warm • werden • Turm • Wort • Wurm
Korb • warten • Zwerg • Farbe • Arbeit

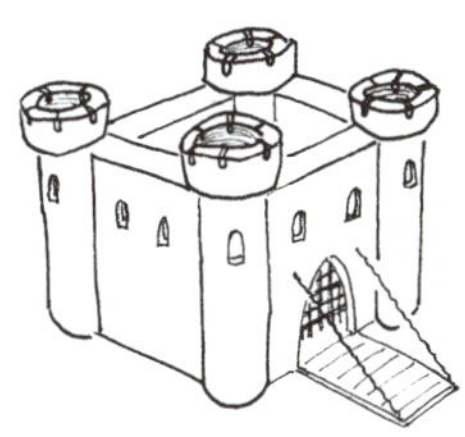

3 Schreibe die Wörter auf und kreise das **r** ein.

Rechtschreibtraining

Hexe Xara lebt im Märchenland auf einem Stern. Ihr Freund ist Zwerg Alex. Arm in Arm laufen die zwei durch den Wald. Alex trägt einen Korb. Darin sind Birnen und Würmer. Xara hext aus den Würmern Marmelade.

Ein Zahn wird gezogen

Einmal nahm Mama uns mit zum Zahnarzt, Jonas und mich und Lotta. Mama hatte gesehen, dass Lotta in einem Zahn ein ganz kleines Loch hatte, und das sollte der Zahnarzt zumachen. „Wenn du beim Zahnarzt ganz tapfer bist, dann kriegst du ein Geldstück“, sagte Mama zu Lotta. Wir mussten da ganz, ganz lange im Wartezimmer sitzen und auf Jonas und Lotta warten, und Mama sagte: „Nicht zu glauben, dass Lotta gar nicht schreit!“

Nach einer Weile ging die Tür auf, und Lotta kam heraus. „Na, bist du nun tapfer gewesen?“, sagte Mama. „Doch ja“, sagte Lotta. „Was hat der Zahnarzt gemacht?“, fragte Mama. „Er hat einen Zahn gezogen“, sagte Lotta. „Und du hast nicht geschrien? Oh, bist du aber tapfer“, sagte Mama. „Nöö, ich hab nicht geschrien“, sagte Lotta. „Du bist wirklich ein tapferes Mädchen“, sagte Mama. „Hier hast du dein Geldstück.“ Lotta nahm das Geld und steckte es in die Tasche und machte ein zufriedenes Gesicht. „Kann ich mal sehen, ob es blutet?“, sagte ich. Lotta sperrte den Mund auf, aber ich konnte nicht sehen, dass ihr ein Zahn fehlte. „Er hat ja gar keinen Zahn gezogen“, sagte ich. „Dooch, bei Jonas“, sagte Lotta.

Astrid Lindgren

1. Lies die Geschichte.
2. Markiere rot, was Lotta sagt.
   Markiere blau, was Mama sagt.
3. Lest die Geschichte mit verteilten Rollen.
   Ihr braucht auch einen Erzähler.

Gespräch mit einer Zahnärztin

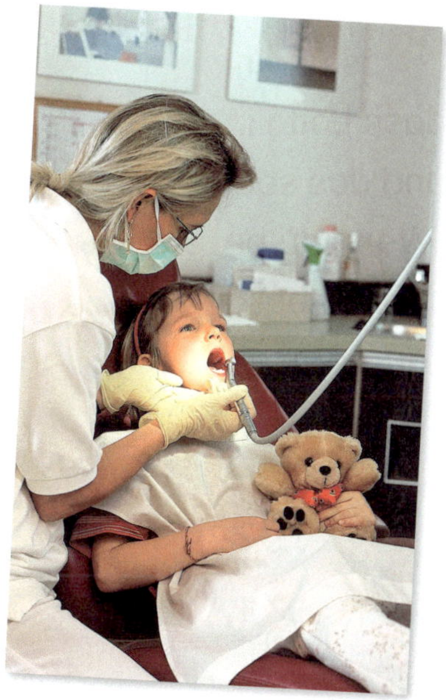

Warum ist es wichtig, zum Zahnarzt zu gehen?

Ich schaue mit einem kleinen Spiegel alle Zähne an
und prüfe mit einer Sonde,
ob sie gesund und gut gereinigt sind.
Außerdem zeige ich den Kindern,
wie man mit einer Zahnbürste die Zähne richtig putzt.
Kinder sollten zweimal im Jahr zum Zahnarzt gehen.

Wann bekommt der Zahn ein Loch?

Putzt man sich nicht gründlich die Zähne,
bleiben Speisereste an ihnen haften.
Winzige Bakterien darin
greifen die Oberfläche des Zahns an.
Nach und nach bildet sich ein kleines braunes Loch.

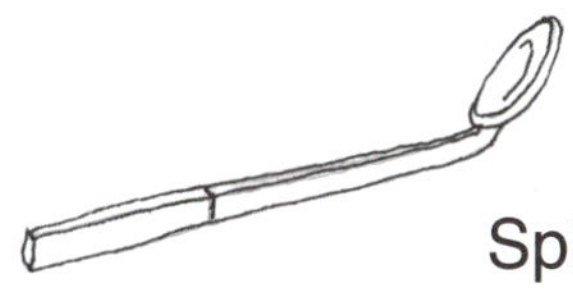

Spiegel

Wie wird der Zahn repariert?

Zuerst reinige ich das Loch mit einem Bohrer.
Wenn das Loch sehr groß ist,
betäube ich den Zahn vorher.
Ich gebe eine Spritze, damit es nicht weh tut.
Zum Schluss stopfe ich die Füllung
mit einem Stopfer in den Zahn.

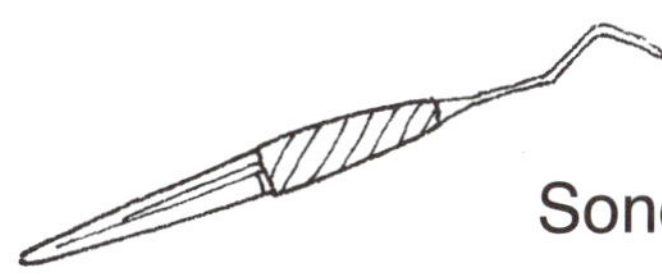

Sonde

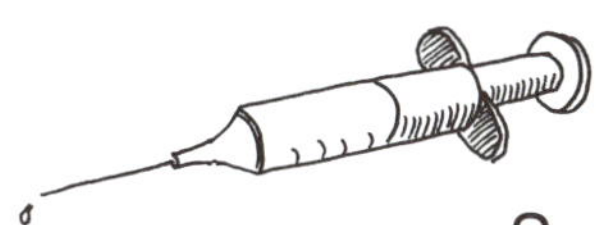

Spritze

1. Lies das Gespräch.
2. Markiere im Text alle Werkzeuge der Zahnärztin.
3. Beantworte die Fragen:
   a) Wie oft solltest du zum Zahnarzt gehen?
   b) Wodurch bekommen Zähne Löcher?
   c) Wozu braucht die Zahnärztin den Stopfer?

Was hast du beim Zahnarzt erlebt?
Schreibe oder erzähle davon.

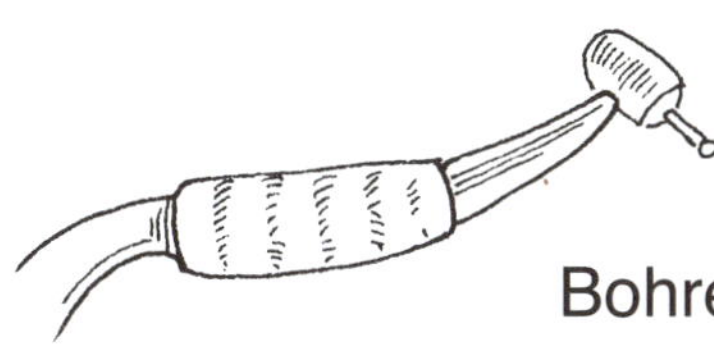

Bohrer

Stopfer

Werbung

1 Lies den Werbetext.

2 Schreibe einen Werbetext zu einer Zahnbürste.
Die Wörter im Kasten können dir helfen.

Gestalte die Überschrift und deinen Text wie eine Werbeanzeige.
Du kannst auch dazu malen.

Tipp

Batterie haltbar neu Spaß
schnell gründlich modern
Kinder automatisch
Lieblingszahnbürste Flitzer
Borsten sauber Saugnapf

Kannst du deinen Augen trauen?

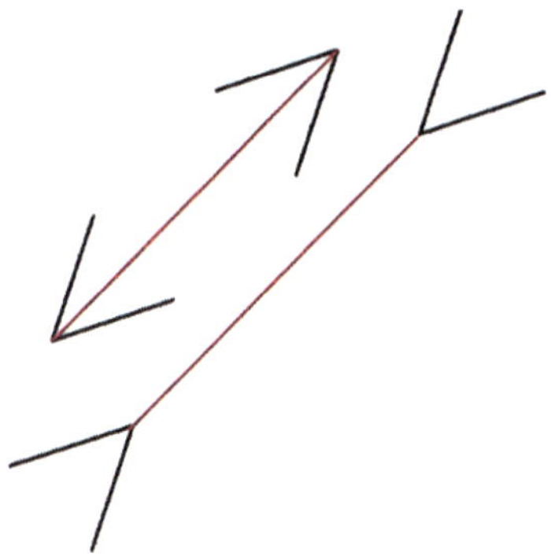

1 Kreise ein:
Welcher rote Strich ist länger?

Welcher Mann ist der größte?

2 Miss nun mit einem Lineal nach. Was stellst du fest?

3 Was siehst du?

4 Wie viele Beine siehst du?

5 Was siehst du?

6 Ziehe mit einem Stift die Linien nach.
Beginne außen. Was stellst du fest?

Was wir alles können

Ich schwimme schnell. Du malst schön.

Ich ____________ schnell. Du ____________ schön.

Ich ____________ schnell. Du ____________ schön.

Ich ____________ schnell. Du ____________ schön.

Ich ____________ schnell. Du ____________ schön.

Mein Freund singt laut. Meine Freundin spricht leise.

Er ____________ laut. Sie ____________ leise.

Er ____________ laut. Sie ____________ leise.

Er ____________ laut. Sie ____________ leise.

Er ____________ laut. Sie ____________ leise.

flitzen • flüstern • gehen • hüpfen • klatschen • lachen • malen
musizieren • quatschen • reden • rennen • rufen • schleichen
schneiden • schreiben • schreien • schwimmen • singen
spielen • sprechen • springen • stampfen • tanzen • trinken

1 Setze passende Verben aus dem Kasten ein.
Du musst die Verben verändern.

Denke dir zu sechs Verben Sätze aus und schreibe sie auf:

Ich schlafe fest.

Anna springt hoch.

...

Verben von der Grundform in die Personalform umwandeln /
Verben passenden Adjektiven zuordnen / Sätze bilden

Beim Augenarzt

Tim hat eine Geschichte geschrieben.
Schwierige Wörter hat er unterstrichen.
Er möchte sie mit dem Wörterbuch überprüfen.

Mutter

Als ich klein war, wollte meine ~~Mutta~~ wissen,

ob ich eine Brille brauche. Deshalb gingen wier zum Augenarzt.

Er hat ein auge zugedeckt und ich musste mit dem anderen

genau schaun. Ich habe Tire gesehen, die imer kleiner wurden.

Ich sollte sagen, wie sie heißen. Hinterher meinte der Arzt zu mir,

dass ich wohl eine Brille brauche.

Im Gescheft habe ich mir eine tolle Brille ausgesucht.

1. Lies Tims Geschichte.
2. Hat Tim die unterstrichenen Wörter richtig geschrieben? Schau im Wörterbuch nach. Verbessere die Fehler.

Bei Ayşe ist alles klein

Fatma besucht ihre Kusine. Sie heißt Ayşe*
und ist noch ein Baby. Alles an ihr ist winzig:
die Händchen, das Näschen, die Öhrchen und die Äuglein.
Ayşe schreit. Ihr Köpfchen wird rot.
Ihre Mutter wickelt sie und streichelt ihr das Bäuchlein.
Dann zieht sie ihr ein Jäckchen und ein Höschen an.
Fatma darf ihr die kleinen Strümpfchen anziehen.
Zum Schluss bekommt Ayşe ihr Fläschchen.
Sie öffnet das Mündchen. „Ich seh schon
ein weißes Zähnchen“, ruft Fatma.

* **ş** ist ein Buchstabe aus dem türkischen Alphabet und wird **sch** gesprochen.

1 Lies den Text.

2 Schreibe die farbigen Wörter so auf:

das Händchen – die Hand,

Topf • Tasche • Kuss • Ball • Buch • Zopf • Kamm • Puppe • Fuß • Ring

3 Ergänze **-chen** oder **-lein**. Schreibe die Wörter so auf:

Topf – Töpfchen, …

Vier Tage Fieber

Einmal hatte ich Fieber. Ich musste im Bett liegen bleiben.
Eigentlich wollte ich lieber zur Schule gehen.
Aber ich musste warten, bis ich wieder gesund war.
Jonas schrieb einen Brief an mich.
Nach vier Tagen war ich gesund.
Am Dienstag konnte ich wieder spielen.
Ich konnte über Wiesen rennen, Lieder singen
und über riesige Pfützen springen.
Da war ich sehr froh.

Merksatz

Ein lang gesprochenes i
wird fast immer **ie** geschrieben:
Fieber, **lie**gen, **vie**r

1 Lies den Text.

2 Markiere alle Wörter mit **ie** und schreibe sie auf.

Kn_ r_chen L_ppe n_sen s_tzen fr_ren Geb_ss t_f

3 Sprich die Wörter.
Klingt das i lang oder kurz?
Setze ie oder i ein.

ie	i

4 Sortiere die Wörter in eine Tabelle.

Rechtschreibtraining

Heute ist das wichtige Turnier. Beim letzten Spiel passiert es.
Tim stolpert und fällt hin. Nun sitzt er auf der Wiese und schaut auf
eine tiefe Wunde am Knie. So ein Pech. Der Sieg war fast sicher.

Findus pflanzt Fleischklößchen

Es war ein schöner Frühlingsmorgen. In allen Büschen sangen die Vögel, Blätter und Gras wuchsen, und kleine Tiere flogen und krabbelten und arbeiteten überall herum.

Der alte Pettersson stand im Gemüsegarten und schaute sich um und prüfte die Erde.

„Jetzt ist es so weit“, sagte er. „Heute können wir Gemüse säen und Kartoffeln setzen.“

Kater Findus flitzte herum und erschreckte die Käfer.

„Was heißt setzen?“, fragte er.

„In die Erde stecken. Wenn wir Mohrrübensamen in die Erde säen, wachsen dort Mohrrüben.

Und aus jeder Kartoffel, die wir in die Erde legen, werden fünf bis zehn neue Kartoffeln.“

Der Kater sah den Alten streng an. „Aber ich mag keine fünf bis zehn neue Kartoffeln und Mohrrüben auch nicht. Können wir nicht lieber Fleischklößchen pflanzen?“

„In die Erde stecken können wir sie immer. Aber sie werden nicht wachsen“, sagte Pettersson.

„Man kann’s ja mal versuchen“, sagte Findus.

„Na gut, tu das. Zuerst müssen wir jedoch umgraben und harken.“

Findus lief los und holte eins der Fleischklößchen, die von gestern übrig geblieben waren.

Pettersson grub das Gemüsebeet um und harkte die Erde glatt. Dann säte er die Samen in geraden schönen Reihen, Mohrrüben-, Zwiebel-, Erbsen- und Bohnensamen.

Der Kater pflanzte sein Fleischklößchen. Von Zeit zu Zeit lief er hin, um nachzusehen, ob es schon gewachsen war.

Sven Nordqvist

Kennst du die Antworten?

1 Lies die Geschichte von Findus und Pettersson.

2 Beantworte die Fragen. Kreuze an.
Achtung, es können auch mehrere Antworten richtig sein!

a) Wo stand der alte Pettersson?

- Er stand draußen. ◯
- Er stand im Gemüsegarten. ◯
- Er stand im Blumenbeet. ◯
- Er stand in der Küche. ◯

b) Was macht der alte Pettersson mit den Kartoffeln?

- Er kocht sie. ◯
- Er isst sie auf. ◯
- Er legt sie in die Erde. ◯
- Er steckt sie in die Erde. ◯

c) Was mag Findus besonders gern?

- Findus mag Fleischklößchen gern. ◯
- Findus mag Mohrrüben gern. ◯
- Findus mag Kartoffeln gern. ◯
- Findus mag Pizza gern. ◯

d) Woher bekommt Findus sein Fleischklößchen?

- Er kauft es im Geschäft. ◯
- Er findet es im Garten. ◯
- Er holt es aus dem Haus. ◯
- Es ist von gestern übrig geblieben. ◯

Findus ist sehr gespannt, was mit seinem Fleischklößchen passiert.
Weißt du es oder hast du eine Vermutung?
Schreibe es auf.

Frühblüher

Das Schneeglöckchen ist der erste Frühblüher im Jahr. An einem langen Stängel hängt eine einzelne weiße Blüte wie eine kleine Glocke. Manchmal blüht es sogar im Schnee.

Die gelbe Narzisse heißt auch Osterglocke. Sie wird so genannt, weil sie zu Ostern blüht. Ihre Blüte besteht aus einer großen gelben Glocke und fünf oder mehr gelben Blütenblättern.

Hyazinthen gibt es in vielen verschiedenen Farben von Weiß bis Violett. An einem langen dicken Stängel sitzen dicht an dicht viele kleine Blüten. Sie duften sehr stark.

Bei der Primel sitzen oben an jedem Stängel eine oder mehrere Blüten. Die Primel gibt es in vielen verschiedenen Farben. Die Blüten haben in der Mitte meistens einen Fleck in einer anderen Farbe.

1 Lies die Zettel an der Pinnwand. Schau dir die Fotos an und verbinde.

2 Beantworte die Fragen:

a) Welche Blume ist der erste Frühblüher im Jahr? ____________

b) Wie wird die gelbe Narzisse auch genannt? ____________

c) Welcher Frühblüher duftet sehr stark? ____________

d) Welche Blume blüht manchmal schon im Schnee? ____________

Schreibe selbst einen Steckbrief zu einem anderen Frühblüher. Du kannst in Büchern und im Internet forschen.

Sachtexten Informationen entnehmen / eigenen Steckbrief nach einem Vorbild schreiben / Medien zur Informationsbeschaffung nutzen

Frühlings-Elfchen

Frühling
helle Sonne
holt neue Blumen
ich sehe sie blühen
schön

Lena

Sonne
ganz hell
scheint so warm
ich gehe nach draußen
Frühling

Jonas

1 Lies die beiden Elfchen.

2 Schreibe auch ein Elfchen.
Sammle dafür zuerst Frühlingswörter und schreibe sie auf.

3 Schreibe dein Elfchen hier auf:

Elfchen-Rezept

Wer oder was? ____________________

Wie ist es? ____________ ____________

Was tut es? ________ ________ ________

Was tue ich? ______ ______ ______ ______

So ist es! ____________________

Gestalte ein Schmuckblatt mit deinem Elfchen. Schreibe es dafür besonders schön auf.

Vögel im Frühling

Die Amsel	baut	ihr Nest	in der Hecke.
In der Hecke	baut	die Amsel	ihr Nest.
Ihr Nest	baut	die Amsel	in der Hecke.
Baut	die Amsel	ihr Nest	in der Hecke?

1 Dieser Satz hat vier **Satzglieder**.
Markiere in allen Sätzen gleiche Satzglieder mit der gleichen Farbe.

2 Nimm vier kleine Zettel und Buntstifte.
Schreibe jedes Satzglied in der richtigen Farbe auf einen Zettel.
Lege nun neue Sätze und schreibe sie farbig ab.

das Rotkehlchen | füttert | seine Jungen | mit Insekten

Erfinde selbst einen Satz und stelle ihn um.

Merksatz

Ein Satz besteht aus mehreren Satzgliedern.
Du kannst die Satzglieder umstellen
und verschiedene Sätze bilden:

Die Amsel baut ihr Nest in der Hecke.
In der Hecke baut die Amsel ihr Nest.

Blumen in der Klasse

Die Blätter der Tulpen sind breiter als die Blätter der Osterglocken.

Der braune Korb ist ______ als der blaue Korb mit Zwiebeln.

Der Topf mit den roten Tulpen ist ______ als der Topf mit den gelben Tulpen.

Die gelben Tulpen sind ______ als die roten Tulpen.

Der Strauß in der braunen Vase ist ______ als der Strauß Osterglocken.

größer • ~~breiter~~ • bunter • kleiner • länger

1 Schau dir das Bild gut an und lies die Sätze.

2 Ergänze die passenden Adjektive.

frisch – frischer

hell – ______

kühl – ______

schön – ______

fröhlich – ______

zart – ______

3 Schreibe zu diesen Adjektiven die Vergleichsstufe.

Schreibe mit drei Adjektiven Sätze.

Ein Vogelhaus für die Meisen

Valentina ist schon ganz aufgeregt.
Sie wartet, dass ihr Vater von der Arbeit nach Hause kommt.
Heute morgen hat er ihr versprochen,
dass sie endlich das Vogelhaus bauen.
Alle Werkzeuge hat Valentina schon bereitgelegt.
Nur den verflixten Hammer kann sie nicht finden.
Wo hat der sich nur versteckt?
Vielleicht da unter dem Putzlappen.
Und da kommt auch Vater mit dem Holz.
Jetzt kann es losgehen!

1 Lies den Text.

2 Markiere alle Wörter mit **V** oder **v**.

3 Schreibe alle Wörter mit **V** oder **v** auf:

~~viel~~ • vier • Vater • Verb • Verkehr • Vulkan • Vera
Vollmond • Versteck • Pullover • Klavier • Kurve

4 Lies die Wörter und höre, wie das **V/v** klingt.
Zeichne eine Tabelle und trage die Wörter ein.

Wörter mit V/v wie 	Wörter mit V/v wie 
viel	

Sammle noch mehr Wörter mit **V/v** und trage sie auch in die Tabelle ein.

Alles wächst

Vor den großen Sträuchern
hat Jonas ein eigenes Gärtchen.
Jetzt scheint die Sonne schon wärmer
und er sät Radieschen aus.
Wenn die Pflänzchen größer werden,
müssen sie vereinzelt werden. Das heißt:
Die schwächeren Pflanzen werden herausgezogen,
nur die stärksten bleiben stehen.
So haben sie genug Platz zum Wachsen.
Wenn alles gut wächst, freut sich Jonas.

Merksatz

Zu fast jedem Wort mit ä oder äu gibt es ein verwandtes Wort mit a oder au:

Wärme ←ä→ warm

Sträucher ←äu→ Strauch

1 Lies den Text.

2 In diesem Text sind viele Nachdenkwörter mit **ä** und **äu**. Sie sind farbig markiert. Schreibe sie so auf:

Sträucher ←äu→ Strauch

G ä rtner	←ä→	Garten
L__nder	←→	____
H__schen	←→	____
J__ger	←→	____

M__se	←→	____
H__ser	←→	____
L__se	←→	____
B__me	←→	____

3 Setze die fehlenden Buchstaben ein und finde die verwandten Wörter. Ergänze auch die Pfeile mit den schwierigen Buchstaben.

Rechtschreibtraining

Viktor sitzt am Klavier und schaut hinaus. Schon lange sind die Bäume wieder grün. Vor vier Tagen bekamen die Veilchen violette Blüten. Alles wächst und Viktor freut sich.

Rotterdam, Travemünde und Hamburg

Der größte Hafen der Erde ist Rotterdam in Holland. Hier werden weltweit die meisten Waren umgeschlagen, also von Schiffen auf Laster und Eisenbahnen geladen und umgekehrt. Rotterdam ist vor allem ein Frachthafen. Auch Öl wird in Rotterdam „angelandet“, das heißt von Tankschiffen in Tankanlagen oder Tankwagen gepumpt.

Einer der wichtigsten Fährhäfen in Europa ist Travemünde an der Ostsee. Von hier aus fahren die großen Fährschiffe nach Skandinavien, nach Polen und nach Russland.

Der größte deutsche Hafen ist Hamburg. Auch in Hamburg fahren jede Menge Fähr- und Passagierschiffe los. Der Hamburger Hafen hat aber auch große Container-Anlagen und Lagerhäuser. Hier kommen die Waren aus aller Welt an oder gehen von hier in alle Welt. Es gibt Kühlschuppen für Bananen, Lagerplätze für Kohle, für Tee und Kaffee. Außerdem gibt es in Hamburg auch noch einen Fischereihafen. Mit richtigen Fischkuttern.

Ulrike Gerold und Wolfram Hänel

1. Lies den Text.
2. Markiere Wörter, die du nicht verstehst. Suche dazu im Lexikon oder im Internet nach Erklärungen.
3. Schreibe für die drei Städte auf, was für Häfen sie haben.

Ebbe und Flut

```
ebbeebbeebbeebbeebbeflut
ebbeebbeebbeebbeebbeebbe
ebbeebbeebbeebbeebbeflut
ebbeebbeebbeebbefluuuuut
ebbeebbeebbefluuuuuuuuut
ebbeebbefluuuuuuuuuuuuut
ebbefluuuuuuuuuuuuuuuuut
fluuuuuuuuuuuuuuuuuuuuut
ebbefluuuuuuuuuuuuuuuuut
```

____

Ernst Jandl

Die Ebbe

Bei Ebbe zieht sich das Wasser vom Land zurück. Sechs Stunden lang sinkt der Wasserspiegel. Dann ist der Wasserstand an der Meeresküste am niedrigsten. Dabei wird der Meeresboden sichtbar.

Dann steigt der Wasserspiegel mit der Flut langsam an, bis der Meeresboden wieder unter Wasser liegt.

1. Schau dir das Gedicht und die Fotos an.
2. Lies den Text aus dem Lexikon.
3. Wie müsste das Gedicht weitergehen? Schreibe die nächste Zeile unter das Gedicht.

Versuche mit Wasser

Versuch	Das vermute ich	Das habe ich beobachtet

1. Schaut euch die Bilder an. Was müsst ihr tun?
   Besorgt alle Dinge, die ihr für die drei Versuche braucht.
2. Was wird wohl passieren? Notiert vor jedem Versuch eure Vermutung.
3. Führt den Versuch durch und notiert, was ihr beobachtet habt.

Sturm auf der Albatros

Hoch oben am Mast weht die Totenkopffahne.

Alle Piraten sind an Deck. Kapitän Keno steht vor ihnen,

schwenkt sein Holzbein und brüllt:

1 Schreibe die Geschichte weiter. Suche dir mindestens drei weitere Wörter von der Fahne aus. Diese Wörter müssen in deiner Geschichte vorkommen.

Male ein Bild zu deiner Geschichte.

Hafenstadt und Stadthafen

1. Welche Nomen kannst du zusammensetzen? Verbinde.
2. Schreibe die zusammengesetzten Nomen auf:

Containerhafen,

3. Schreibe die zusammengesetzten Nomen auf: Seeräuber,

Merksatz

Nomen, die aus mehreren Wörtern zusammengesetzt werden, nennt man zusammengesetzte Nomen (Substantive):
See + Räuber = Seeräuber

Angel
Fluss
Taucher
See
Segel

Wasserwörter

Teich rauschen pitschnass Regen Sand
Pfütze spritzen leise tropfen wässrig
fließen Gerüst Bach flüssig feucht

1 Kreise alle Wörter ein, die zum Wortfeld „Wasser“ gehören.

2 Schreibe alle Wasserwörter aus der Pfütze in die Tabelle.
Sortiere nach Nomen, Verben und Adjektiven:

Nomen	Verben	Adjektive
Pfütze	spritzen	pitschnass

3 Finde weitere Wasserwörter und schreibe sie dazu.

Alles nass!

Es hat geregnet. Auf der Straße sind große ________________.

Ein Auto fährt hindurch und es ________________ fürchterlich.

Da wird der Mann am Straßenrand ________________.

Das Wasser ________________ von seinem Regenmantel.

4 Lies die Sätze und setze passende Wasserwörter aus deiner Tabelle ein.

Schreibe selbst Sätze mit Wasserwörtern.

Quentin, der Qu-Forscher

Quentin interessiert sich für Wörter, besonders für **Qu**-Wörter.
Heute schreibt er sich **Qu**-Wörter auf, die mit Wasser zu tun haben.
Er findet Aquarium, Quelle, Quastenflosser, Kaulquappe,
Quellwolke und Qualle.
Seine kleine Schwester zeigt auf ein Bild und sagt: „Quakfrosch."
Quentin sucht auch im Internet und findet „Queller".
Das ist eine Salzwiesenpflanze.

1 Lies den Text.

2 Markiere alle Wörter mit **Qu**/**qu**.

3 Schreibe die richtigen Wörter neben die Bilder:

 ______________________

 ______________________

 ______________________

 ______________________

 ______________________

 ______________________

 ______________________

 ______________________

Suche im Wörterbuch weitere Wörter mit **Qu** oder **qu** und schreibe sie auf.
Es müssen keine Wasserwörter sein.

____

____

Rechtschreibtraining

Drei Quallen schwimmen um die Wette. Da rast ein dunkler Schatten quer durch das Wasser. Was war das? Ein Hai verfolgt einen Schwarm Fische!

Im Ha-fen ist im-mer was los!

Lieber Jonas,

heute war ich mit den Eltern im Ha-fen. Gerade liefen zwei riesige Schif-fe ein. Sie wurden von kleinen Schlep-pern gezogen. Das sah lustig aus. Pa-pa hat mir das erklärt. Die Schiffs-schrauben der großen Schiffe wür-den das Wasser zu sehr aufwühlen und die ankernden Schiffe losreißen. Im Hafen ist immer was los!

Ahoi, dein Cousin Malte

Merksatz

Wörter bestehen aus Silben.
Am Zeilenende kann man die Wörter zwischen den Silben trennen:
Ha-fen, **Ka-pi-tän**
Doppelte Mitlaute trennt man zwischen den Mitlauten:
Was-ser, **Schif-fe** (*aber*: **Schiff-chen**)

1 Lies den Brief.

2 Welche Wörter kann man noch trennen?
Suche mindestens 10 Wörter und schreibe sie so auf: lie-ber, Jo-nas, ...

Wörter mit einer Silbe	Wörter mit zwei Silben	Wörter mit drei Silben
Boot	Fäh-re	

Hafen • Boot • Schiffsschraube • Matrose • Fischkutter
Jacht • schleppen • Fähre • Rettungsboot • Mast • Welle • Fluss

3 Trage die Wörter aus dem Kasten mit Trennstrichen in die Tabelle ein.

Finde Wörter mit vier Silben und schreibe sie mit Trennstrichen auf:

Ha-fen-mei-ster, ...

Der Hausbau

Der Frosch und der Biber trafen sich einmal auf einem Gerümpelplatz. „Wie wäre es“, sagte der Frosch, „wenn wir uns mit den Brettern hier eine Baumhütte bauen würden?“ „Ja, toll, machen wir!“, sagte der Biber, der nichts lieber tat als Hausbauen.

Sie gingen gleich an die Arbeit und bald darauf war die Hütte fertig gezimmert. Aber weil sie so schön in Schwung waren, bauten sie auf die Hütte noch eine zweite Hütte und um den Baumstamm noch zwei weitere.

„Schön und gut“, sagte der Frosch. „Aber was da fehlt, ist ein Turm!“ Und damit der eine Turm nicht alleine ist, bauten sie noch einen zweiten. Na ja, letzten Endes sind es dann drei Türme geworden.

Als das Bauwerk fertig war, standen der Frosch und der Biber davor und betrachteten es lange. „Ist es nicht herrlich geworden?“, fragte der Frosch. „Ja, wunderbar!“, sagte der Biber. „Ich finde es umwerfend“, sagte der Frosch. „Ja, wahnsinnig schön!“, sagte der Biber. Sie schauten wieder eine Weile. Dann sagte der Frosch: „Aber es ist ziemlich groß … fast zu groß. Was meinst du?“

„Ja, sehr groß“, erwiderte der Biber. „Und außerdem zu weit weg vom Wasser, wenn du mich fragst.“
„Weißt du was?“, sagte der Frosch nach einer weiteren Pause. „Ich geh jetzt nach Hause in meinen Teich.“
„Tja, ich werde dann auch gehen“, sagte der Biber.

„Tschüss, Froschi!“
„Tschüss, Biber!“

Erwin Moser

1 Lies die Geschichte.

2 Beantworte die Fragen:

a) Wo bauen der Biber und der Frosch ihr Baumhaus?

b) Weshalb bauen sie nach der ersten Hütte noch weiter?

c) Wie viele Türme und Hütten bauen sie?

Warum will der Biber nicht in das neue Baumhaus einziehen?

Mein Wunschhaus

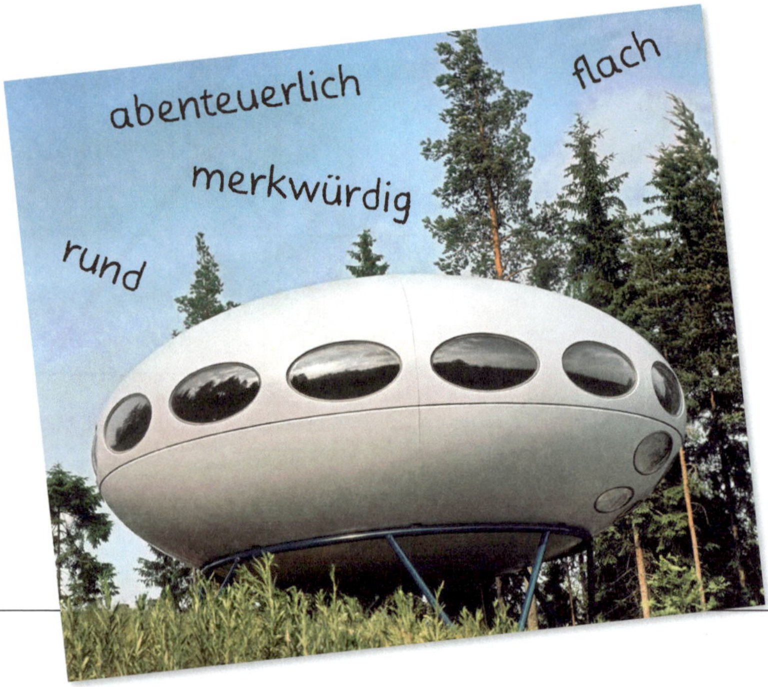

1. Male dein Wunschhaus.
2. Sammle passende Adjektive und schreibe sie in dein Bild.
3. Schreibe eine Geschichte über dein Wunschhaus.

Der Trick mit dem Knick

In der Stadt ist das Bauland knapp und teuer. Deshalb werden oft Hochhäuser gebaut. Wenn man in die Höhe baut, kann man auf einem kleinen Grundstück viele Wohnungen und Büros schaffen. Für die Hochhäuser verwendet man oft Beton und Stahl. Weißt du, warum man dafür meistens Doppel-T-Stahlträger wie auf dem Bild einsetzt? Ein Versuch kann es dir erklären.

1 Baue Brücken.

Du brauchst: sechs Streichholzschachteln • ein Blatt festes Papier (DIN A4) Kleber • eine Schere • ein kleines Spielzeugauto

a) Klebe zweimal drei Streichholzschachteln übereinander. Halbiere das Papier der Länge nach. Lege einen Papierstreifen wie eine Brücke auf die Streichholztürmchen. Stelle dein kleines Auto mitten auf die Brücke. Was passiert? Zeichne es auf:

b) Nun knicke den Papierstreifen an den Längsseiten nach unten.

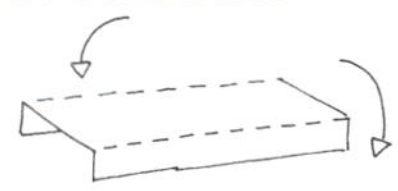

Lege ihn auf die Streichholztürmchen und stelle das Auto wieder darauf. Wie stabil ist die Brücke jetzt? Zeichne das Ergebnis des Versuchs:

2 Durch die Knicke im Papier:

- ◯ wird das Papier dicker.
- ◯ kann sich das Papier nicht so leicht durchbiegen.
- ◯ wird die Brücke stabiler.

An der Baugrube

Der Laster ist laut.

Der Bagger ist ______.

Aber der Betonmischer ist ______.

kurz	kürzer	am kürzesten
	sicherer	
		am höchsten
dicht		
	härter	

1 Ergänze die fehlenden Adjektive in den drei Sätzen und in der Tabelle.

Der Bagger hat eine tiefe Baugrube ausgehoben.
Die Gräben für die Leitungen müssen noch etwas tiefer sein.
Ein starker Laster mit breiten Rädern transportiert die Erde weg. Mit dem Kran werden die dicken Rohre in die Grube hinabgelassen. So ist es am einfachsten.

2 Markiere die Adjektive im Text.

Schreibe die Adjektive in den drei Vergleichsstufen auf:

tief – tiefer – am tiefsten

Merksatz

Mit Adjektiven kann man vergleichen:
Der Lastwagen ist **hoch**.
Der Bagger ist **höher**.
Der Kran ist **am höchsten**.

Wortfamilie „wohnen“

Wohnwagen | Wohnhaus | Wohnung

Wohnzimmer | Hochhaus | bewohnen

Wohnblock | wohl | unbewohnbar

wohnlich | Einwohner

1 Zwei Wörter gehören nicht zur Wortfamilie **wohnen**. Streiche sie durch.

2 Markiere in allen übrigen Wörtern den Wortstamm **wohn**.

Zu einer ____________________ gehören oft drei Zimmer, eine Küche und ein Bad.

Fatmas Vater kauft einen neuen Sessel für das ____________________ .

In dem großen ____________________ leben viele Familien.

Lenas Familie fährt mit dem ____________________ in den Urlaub.

Dortmund hat fast 600 000 ____________________ .

In einer Ruine kann man nicht wohnen,

sie ist ____________________ .

3 Setze in die Lücken passende Wörter aus der Wortfamilie **wohnen** ein.

Schreibe selbst drei Sätze mit Wörtern aus der Wortfamilie **wohnen**.

Schabernack

Nick hockt vor dem Wasserhahn.
Was hat er vor? Hat er sich versteckt?
Er blickt sich um. Er dreht den Hahn auf.
Der grüne Schlauch zuckt hin und her.
Plötzlich spritzt das Wasser heraus.
Herr Schmitz wird sehr nass.
Das findet er gar nicht witzig.

1 Lies den Text.

2 Markiere alle Wörter mit **ck** und **tz** im Text und schreibe sie auf.
Markiere dann den kurzen Selbstlaut (Vokal) vor **ck** und **tz** mit einem Punkt.

stecken	**zucken**	**spritzen**
l	sp	s
str	g	schw
w	d	fl

3 Ergänze die Reimwörter.

ck oder k?

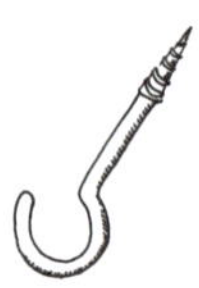

Sa___	Ha___en
tro___en	wa___eln
Schau___el	pa___en

tz oder z?

pu___en	Pfü___e
Hei___ung	Ka___e
schwi___en	Kreu___

4 Sprich die Wörter: Klingt der erste Selbstlaut (Vokal) lang oder kurz?
Ergänze **ck** oder **k**, **tz** oder **z**.

Schreibe zu vier Wörtern aus den Kästen einen Satz.

Die Maler

Die Maler kommen. Die Arbeit kann beginnen.
Zuerst malen sie die Decken weiß. Dann holen sie die Tapeten aus dem Auto. Sie stellen die langen Tische auf.

1 Lies den Text.

2 Untersuche die farbigen Verben:
Klingt der erste Selbstlaut (Vokal) im Wort lang oder kurz?
Probiere aus und markiere mit Punkt oder Strich.

er kommt	←mm→	kommen	ihr schafft	←→	______
sie stellt	←→	______	es passt	←→	______
es beginnt	←→	______	du kennst	←→	______
es stimmt	←→	______	sie fasst	←→	______

3 Suche die verwandten Wörter und schreibe sie auf.
Ergänze die Pfeile mit den doppelten Mitlauten.

Die Malerin r______ die Tapete aus.

Sie m______ die Länge der Bahnen ab.

Sie f______ Kleister in den Eimer.

Sie st______ den Quast in den Kleister.

füllen • messen • rollen • stecken

4 Lies die Sätze.

5 Setze die passenden Verbformen ein.

Rechtschreibtraining

Ein Loch im Putz! Lenas Vater steigt mit der Putzkelle auf die Leiter. Lena kommt um die Ecke geflitzt. Sie rennt gegen die Leiter. Die Leiter wackelt. Der Vater springt herunter. Glück gehabt!

Die Geschichte vom Reisekind

Einmal wollte eine große Familie verreisen: Mutter, Vater und vier Kinder. Sie haben auf dem Bahnsteig gestanden und alle waren sehr aufgeregt.

Am aufgeregtesten war das kleinste Kind. Der Zug ist gekommen und der Vater hat die Koffer genommen, die Mutter hat die Taschen genommen und die großen Kinder haben den Korb mit den Butterbroten und das Netz mit den Apfelsinen und die Limonadenflasche und den Fotoapparat genommen.

Das kleinste Kind sollte nur seinen Teddy tragen. Der Zug hat gehalten. Die Leute, die angekommen waren, sind ausgestiegen. Jetzt wollte die Familie einsteigen. Aber das kleinste Kind war nicht mehr da!

Die großen Kinder sind gleich losgerannt und haben es überall gesucht: an der Treppe und beim Zeitungsverkäufer und am Schokoladenautomaten und hinter dem Gepäckwagen und sogar unter der Bank.

Nirgendwo war das kleinste Kind.

Die Mutter hat alle Leute gefragt. Keiner hat das kleinste Kind gesehen. Da hat auf einmal jemand im Zug an die Fensterscheibe geklopft und gerufen:

„Warum kommt ihr denn nicht?"

Das kleinste Kind war nämlich schon längst im Zug.

Alle haben gelacht und sind schnell mit den vielen Sachen eingestiegen und der Zug konnte endlich abfahren.

Ursula Wölfel

1 Lies die Geschichte.

2 Beantworte die Fragen und kreuze an:

a) Wie viele Personen wollen verreisen?

○ vier ○ sechs ○ acht ○ zehn

b) Wer hat den Korb mit den Butterbroten getragen?

○ Vater ○ Mutter ○ das kleinste Kind ○ die großen Kinder

c) Warum ist die Familie nicht sofort eingestiegen?

○ Der Zug war voll. ○ Das kleinste Kind war verschwunden. ○ Die großen Kinder waren verschwunden.

 einen literarischen Text sinnentnehmend lesen / Fragen zum Text beantworten

Am Kassenhäuschen

Erwachsene		Kinder	
2 Stunden	3 €	2 Stunden	2 €
Tageskarte	5 €	Tageskarte	3 €
10er-Karte	25 €	10er-Karte	15 €
Jahreskarte	120 €	Jahreskarte	60 €

Ticket vor dem Betreten des Bades lösen!
Ticket bitte jederzeit dem Personal vorzeigen!

1 Lies die Preistafel.

2 Beantworte die Fragen:

a) Wie teuer ist eine Tageskarte für Kinder? ______

b) Wie teuer ist eine Jahreskarte für Erwachsene? ______

c) Leonie geht mit ihrer Mutter ins Schwimmbad.
Sie wollen zwei Stunden bleiben. Wie viel müssen sie bezahlen? ______

d) Frederick ist in den Sommerferien in Waldkirchen.
Er will ganz oft schwimmen gehen. Welche Karte kauft er am besten?

______

Maja will von 9 Uhr bis 13 Uhr schwimmen. Welches Ticket sollte sie kaufen?

______

Post von Lena und Sina

Lena hat aus dem Urlaub eine Postkarte an ihre Freundin geschrieben.
Auf den Bildern kannst du sehen, wie die Post von Lena zu Sina kommt.

1 Wie kommt die Postkarte zu Sina?
Schreibe es auf.

Als Lena aus dem Urlaub zurück ist,
macht sie sofort den Computer an.
Ob Sina ihr wohl geantwortet hat?
Ja, da ist eine E-Mail von Sina!

2 Welche E-Mail-Adresse hat Lena?

3 Hast du auch eine E-Mail-Adresse?
Frage deine Eltern, ob du sie hier
aufschreiben darfst:

Wie kommt Sinas E-Mail zu Lena? Kreuze an:

○ Flugzeug ○ LKW ○ Kabel ○ Brieftaube

den Weg der Briefpost mithilfe einer Schemazeichnung kennen lernen und aufschreiben /
Informationen über elektronische Post (E-Mail) erhalten

Meine Ferien

Jutta Bauer

1 Lies den Comic.

2 Schreibe von Paulines Ferien. **Oder:** Schreibe über deine Ferien.

Gehen – laufen – springen

Ich gehe – ich eile – ich laufe – ich springe
ich renne – ich rase – ich sause – ich schwinge
ich flitze – ich wandre – ich schlendre – ich schreite
ich hüpfe – ich hopse – ich tänzle – ich gleite
ich stelze – ich taumle – ich torkle – ich schleiche
ich stampfe – ich tripple – ich hinke – ich weiche
ich humple – ich schlurfe – ich bummle – ich schwanke
ich husche – ich trotte – ich trödle – ich wanke

Rosemarie Künzler-Behncke

1 Lies das Gedicht.

2 Wenn du zur Schule gehst, wie gehst du? Markiere passende Verben.

Tiere raten

Lenas Klasse war im Zoo. Allen hat es wirklich gut gefallen. So viele Tiere gab es zu sehen. Tiere aus der Wüste und vom Eismeer, aus der Steppe und aus dem Urwald. In der Pause hat Fatma eine Idee: „Lasst uns doch mal spielen, wie die Tiere gehen." „Super!", ruft Simon, „ich fange an und ihr müsst raten!" Er geht wie ein Tiger. Tim errät es sofort. Nun ist er an der Reihe. Er geht wie ein Strauß. Jonas geht wie sein Lieblingstier, der Elefant. Und da kommen Anna und Till. Sie gehen wie die schnellen Zebras in der Steppe. Auch Berfin hat noch eine Idee. Sie geht wie ein Eisbär. Und Lena? Sie mag die Pinguine besonders gern. Alle lachen, als sie wie ein Pinguin über den Schulhof geht.

3 Schreibe den farbigen Teil der Geschichte auf. Ersetze dabei **gehen** durch die Verben watscheln, schreiten, trotten, stampfen, schleichen, rennen.

4 Spielt in der Gruppe **Tiere raten**.

Warst du schon einmal in einem Zoo? Was hast du dort erlebt? Schreibe es auf.

 Wortfeld „gehen" / Text überarbeiten: passende Verben aus dem Wortfeld „gehen" einsetzen

Ein Nachmittag im Freibad

Es ist ein heißer Tag Lena und Fatma gehen ins Freibad Schon von weitem hören sie ihre Freundin Johanna rufen: „Hier sind wir Kommt zu uns Ist das nicht heiß heute “

Lena und Fatma laufen zu ihren Freundinnen Alina freut sich: „Toll, dass ihr da seid Ist es euch auch so warm Wer kommt mit ins Wasser “

Im Schwimmbecken sind auch schon Jonas, Benjamin, Anna und Murat Sie spielen mit einem Wasserball Von überall hört man laute Rufe: „Kommt hierher “ „Hör auf zu spritzen “ „Ich kann jetzt tauchen “ „Kann ich jetzt springen “

1 Lies den Text.

2 Setzte . oder ! oder ? ein.

Sanjas Reise

Die Koffer sind gepackt morgen soll die Reise endlich losgehen ist auch das Geschenk eingepackt Sanja ist ganz aufgeregt sie wird ihre Freundin Marie besuchen Marie ist im vorigen Jahr in eine andere Stadt umgezogen ob sie sich noch verstehen werden

3 Lies den Text. Mache immer eine Pause, wenn etwas Neues beginnt. Mache dort einen Strich.

4 Schreibe den Text auf und setze die richtigen Satzzeichen. Achte auf die Großschreibung am Satzanfang. Es sind sieben Sätze.

Ein heißer Sommer

Immer in den Sommerferien gehen Leon und sein Papa wandern. Schon seit Stunden laufen sie über die Felder. Beiden tropft der ______ ins Gesicht und die ______ tun ihnen auch weh. Wenn es doch ______ nicht so ______ wäre. So macht die Wanderung gar keinen ______ ! Da hat Leon plötzlich eine ______ Idee! Neben der ______ ______ ein kleiner Bach. Schnell läuft Leon ans Ufer, schöpft mit beiden Händen Wasser und ______ es sich über das Hemd. Was für eine tolle Erfrischung! Papa lacht und macht es genauso.

heiß

Schweiß

Füße

Straße

bloß

Spaß

großartige

fließt

gießt

1. Lies den Text.
2. Setze in die Lücken die passenden ß-Wörter ein.

Rechtschreibtraining

Lena freut sich auf die Ferien. Das wird ein Spaß!
Jeden Tag draußen Fußball spielen, am Strand barfuß laufen oder einfach faul in der Sonne liegen. Ob sie Jan aus Holland wieder trifft?

Ferienpost

Lieber
~~Liber~~ Paul, | 1

ich bin für zwei wochen bei meina Oma in Bochum. | 2

Wir habn schon tole Ausflüge gemacht. | 2

Gestan waren wir im Berkbau-Museum. | 2

Da konnte man richtik unter die Erde fahren. | 1

Oben im Museum gap es ein Arschleder*. | 1

das heißt wirklich so! Schreip mir doch auch mal. | 2

Viele Grüse aus Bochum sendet dir Oskar | 1

1 Lies den Brief.
Schau jedes Wort genau an und suche die Fehler.
Die Zahl im Kästchen sagt dir, wie viele Fehler du suchen musst.

* Das Arschleder trugen die Bergleute früher, um ihre Hosenböden bei der Arbeit im Stollen zu schützen.

2 Streiche falsch geschriebene Wörter durch und schreibe sie richtig darüber.
Wähle drei Fehlerwörter aus und schreibe damit neue Sätze.

Tipps und Strategien

Abschreibregeln

1. Lies ein Wort oder mehrere Wörter und sprich sie dir dabei langsam und deutlich vor.
2. Merke dir schwierige Stellen.
3. Decke den Text zu.
4. Sprich jedes Wort ganz deutlich und schreibe dabei.
5. Vergleiche es mit der Vorlage.
6. Wenn du ein Wort falsch geschrieben hast, streiche es durch und schreibe es noch einmal richtig.

Schleichdiktat

1. Lies den ganzen Text.
2. Lege den Text auf ein Regal oder die Fensterbank.
3. Lies die ersten Wörter und merke dir die schwierigen Stellen.
4. Geh zu deinem Platz zurück und schreibe die Wörter auf.
5. Schleiche wieder zum Text.
   Arbeite so weiter, bis du den ganzen Text geschrieben hast.
6. Hole den Text zurück und vergleiche deinen Text mit der Vorlage.
   Streiche falsche Wörter durch und schreibe sie noch einmal richtig.

Partnerdiktat

Ein Partnerdiktat macht man zu zweit.

1. Lest euch den Text gemeinsam durch.
   Besprecht die schwierigen Wörter.
2. Entscheidet, wer zuerst schreibt und wer diktiert.
3. Diktiere deinem Partner ein Wort oder mehrere Wörter.
   Wenn er einen Fehler macht, kannst du ihm helfen.
   Es sollen nur richtige Wörter im Heft stehen.
4. Vergleicht den geschriebenen Text noch einmal mit der Vorlage, wenn ihr fertig seid.
5. Tauscht: Jetzt diktiert dein Partner und du schreibst.

Mit der Trainingskarte üben

1. Ein Partner diktiert dir Wort für Wort.
   Du schreibst die Wörter in dein Heft.

Bei Nachdenkwörtern diktiert dein Partner zum Beispiel so:
„Hand. Hand gehört zu … ?“
Dann antwortest du: „Hand gehört zu Hände, deshalb mit ‚d‘.“
In dein Heft schreibst du nur „Hand“.

2. Dein Partner passt genau auf,
   ob du alle Wörter richtig schreibst.

Hast du ein Wort richtig in dein Heft geschrieben, macht dein Partner auf der Trainingskarte einen senkrechten Strich hinter das Wort.

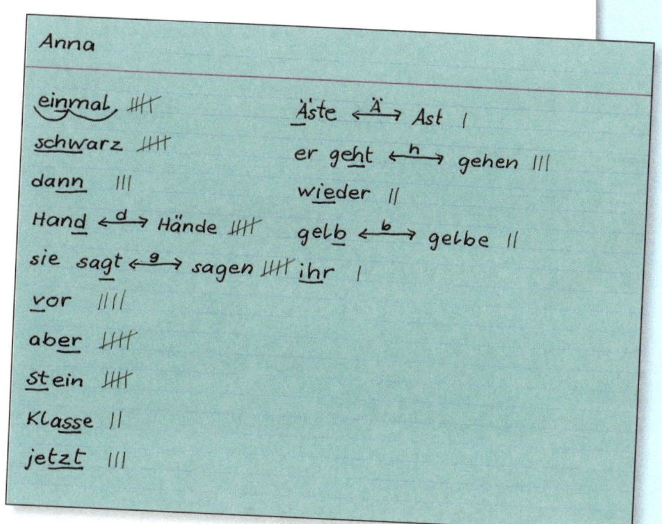

Anna

einmal |||||	Äste ←Ä→ Ast	
schwarz |||||	er geht ←h→ gehen |||
dann |||	wieder ||
Hand ←d→ Hände |||||	gelb ←b→ gelbe ||
sie sagt ←g→ sagen |||||	ihr	
vor ||||	
aber |||||	
stein |||||	
Klasse ||	
jetzt |||	

3. Du musst jedes Wort an
   fünf verschiedenen Tagen
   richtig schreiben.

Der fünfte Strich wird so gezeichnet: |||||

Jetzt braucht das Wort nicht mehr diktiert zu werden.

Wenn du nicht sicher bist, wie ein Wort geschrieben wird, dann suche es im Wörterbuch. Dort stehen die Wörter nach dem Alphabet geordnet.

Richtig schreiben mit dem Wörterbuch

sprechen 	Sprich das Wort deutlich. Überlege, mit welchem Buchstaben das Wort beginnt.	
suchen 	Suche zu dem Anfangsbuchstaben die passende Seite im Wörterbuch. Überlege: Welcher Buchstabe folgt auf den ersten? Suche nun die Stelle, bei der die Wörter mit diesen beiden Buchstaben beginnen. Lies in der Liste weiter, bis du dein Wort gefunden hast.	
merken 	Lies das Wort. Merke dir schwierige Stellen.	
schreiben 	Schreibe das Wort ab. Vergleiche es mit dem Wort im Wörterbuch.	

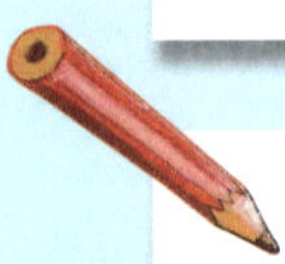

Fehler finden

1. Lies den Text. Achte auf fehlende und falsch geschriebene Wörter.
2. Lies den Text nun Wort für Wort von hinten.
   Manchmal findest du so noch weitere Fehler.
3. Lies den Text noch einmal.
   Achte darauf, dass Nomen und Satzanfänge großgeschrieben sind.

Abhörwörter

Hut • lesen • Buch • Schokolade • Pause • Eis • Euro

Abhörwörter sind Wörter, die lautgetreu sind.
Jeder Sprechlaut ist durch einen Buchstaben oder eine Buchstabenverbindung eindeutig wiedergegeben.
Um ein Abhörwort richtig zu schreiben, musst du es dir langsam und deutlich vorsprechen.
Es hilft, das Wort in Silben aufzuteilen: **Sch o k o l a d e**.
Du musst dann noch überlegen, ob das Wort groß oder klein geschrieben wird.

Nachdenkwörter

Tag • Hund • gelb • Bäume • Hände • er hält • sie rennt

Nachdenkwörter sind nicht lautgetreu.
Du kannst nicht hören, dass **Tag** hinten mit **g** geschrieben wird.
Also suchst du ein verwandtes Wort: **Tage**.

So kannst du Nachdenkwörter üben:

1. Zeichne einen Doppelpfeil.
2. Schreibe das verwandte Wort dahinter.
3. Setze den schwierigen Buchstaben auf den Pfeil.

Tag	←g→	Tage
hält	←ä→	halten
rennt	←nn→	rennen

Merkwörter

und • ihm • fahren • Boot • Vater • Baby • Clown

Merkwörter sind nicht lautgetreu. Du kannst die Schreibweise auch nicht durch Nachdenken herausfinden. Du musst dir die schwierigen Stellen merken: **fahren** mit **ah**, **Vater** mit **V**.

So kannst du Merkwörter üben:

1. Lies das Wort ganz deutlich und zeichne Silbenbögen darunter.
2. Markiere die Stellen, an denen du dir die Schreibweise merken musst.
3. Überlege dir eine Hilfsformel, zum Beispiel: „Boot mit Doppel-oo“.
4. Versuche, das Wort richtig aufzuschreiben.
5. Kontrolliere, ob du es richtig geschrieben hast.
6. Schreibe das Wort mehrmals, bis du es sicher kannst.

Kapitel	Lesen	Texte verfassen	Sprache untersuchen	Rechtschreibung
In der Schule 	• einem literarischen Text Informationen entnehmen und Bildern zuordnen S. 4 • ein Gedicht sinnentnehmend lesen / textbezogen antizipieren, um Reimwörter zu finden S. 5 • Bilder und Texte zuordnen S. 6	• Klassenregeln bewerten, Regeln aufschreiben S. 6 • zu einem Schreibanlass mithilfe eines Beispiels schreiben S. 7	• Nomen kennen lernen und nach Kategorien ordnen S. 8 • Einzahl und Mehrzahl S. 9	• Großschreibung von Nomen S.8 • Alphabet / Konsonanten und Vokale unterscheiden S. 10 • Alphabet nutzen / Nomen alphabetisch ordnen S. 11
Auf der Straße 	• einen Text mit verteilten Rollen sinngestaltend lesen S. 12/13 • Satzteile zu sinnvollen Sätzen verbinden S. 17	• besondere Fahrzeuge beschreiben S. 14 • eine Geschichte mit passender Überschrift zu einem Bild schreiben S. 15	• Artikel kennen lernen, Nomen nach dem Geschlecht ordnen S. 16 • Großschreibung am Satzanfang, Punkt am Ende eines Aussagesatzes S. 17	• Nomen nach dem Alphabet ordnen S. 16 • Wörter mit -el, -en, -er S. 18 • Wörter mit St/st, Sp/sp S. 19
Im Herbst 	• ein Gedicht sinnentnehmend lesen und auswendig lernen S. 20 • einem Sachtext Informationen entnehmen / eigene Fragen zum Text formulieren S. 21 • mithilfe von Text- und Sachwissen Informationen zuordnen S. 22	• Informationen im Steckbrief darstellen S. 22 • eine Fantasiegeschichte weiterschreiben S. 23	• Aussagesatz: Großschreibung am Satzanfang / Punkt am Satzende / Satzgrenzen erkennen S. 24 • Aussagesatz und Frage unterscheiden / Satzschlusszeichen Punkt und Fragezeichen S. 25	• Wörter mit Pf/pf S. 26 • B/P, D/T, G/K im Anlaut unterscheiden S. 27
Zu Hause 	• einen literarischen Text sinnentnehmend lesen / über einen Text sprechen S. 28, 30 • richtige und falsche Aussagen zu einem Text erkennen S. 29 • ein Rezept lesen und nachvollziehen S. 32	• zu einem Schreibanlass schreiben S. 28 • mit einem Partner eine Geschichte erfinden S. 30 • einen Einkaufszettel schreiben S. 32	• Aussage- und Ausrufesatz unterscheiden / Satzschlusszeichen Punkt und Ausrufezeichen S. 31 • Verben in der Grundform kennen lernen S. 33 • Verben in der Personalform S. 35	• Wörterbuch nutzen S. 33 • Ableitungsstrategien trainieren: • Wörter mit Auslautverhärtung d/t, b/p, g/k S. 34 • Verben mit Konsonantenverhärtung b/p, g/k S. 35
Gestern – heute – morgen 	• Redemittel eines Comics erkennen S. 36/37 • einem Comic-Text Informationen entnehmen S. 38 • Empfindungen von Figuren nachvollziehen S. 38 • einen Erlebnisbericht lesen S. 39	• Steckbrief ausfüllen S. 38 • Begebenheiten aus dem eigenen Leben aufschreiben S. 38 • zu einem Erlebnisbericht analog schreiben S. 39	• bestimmte und unbestimmte Artikel S. 40 • Verben mit Wortbausteinen S. 41	• lange und kurze Vokale unterscheiden S. 42, 43 • Mitlautverdopplung: Konsonanten nach kurzem Vokal verdoppeln S. 43
Hokuspokus 	• einen Märchentext mit verteilten Rollen sinngestaltend lesen oder spielen S. 44/45 • einen Rätseltext lesen S. 46	• einen Märchentext nach vorgegebenem Muster weiter schreiben S. 44/45 • eine Personenbeschreibung verfassen S. 46 • ein Fantasie-Kochrezept erfinden und aufschreiben / eine Geschichte dazu schreiben S. 47	• Adjektive vorbegrifflich anbahnen S. 46 • Adjektive kennen lernen S. 48 • Adjektive: Gegensatzpaare S. 49	• Wörter mit X/x S. 50 • Wörter mit schwer hörbarem r S. 51
Mein Körper 	• einen literarischen Text mit verteilten Rollen sinngestaltend lesen / Textstellen finden und markieren S. 52 • ein Interview lesen / Stichwörter im Text markieren / Fragen zum Text beantworten S. 53	• eine Erlebnisgeschichte schreiben S. 53 • eine Werbeanzeige schreiben und gestalten S. 54	• wörtliche Rede vorbewusst kennen lernen S. 52 • Verben von der Grundform in die Personalform umwandeln S. 56 • Verben passenden Adjektiven zuordnen S. 56	• Wörter im Wörterbuch nachschlagen / einen Text rechtschriftlich überarbeiten S. 57 • Stammumlautung bei Verkleinerungsformen S. 58 • Wörter mit ie und i S. 59
Im Frühling 	• einen literarischen Text sinnentnehmend lesen / Fragen zu einem Text beantworten S. 60/61 • Sachtexten Informationen entnehmen S. 62	• Steckbrief nach Vorbild schreiben S. 62 • Elfchen als lyrische Form kennen lernen und selbst schreiben S. 63	• Wortfeld „Frühling" S. 63 • Satzglieder kennen lernen / Satzglieder umstellen S. 64 • mit Adjektiven vergleichen (Komparativ) S. 65	• Wörter mit V/v S. 66 • Ableitungsstrategien bei a/ä und au/äu trainieren S. 67
Am Wasser 	• einem Sachtext Informationen entnehmen S. 68 • ein visuelles Gedicht mithilfe eines Sachtextes und Fotos verstehen S. 69	• ein visuelles Gedicht formal weiterführen S. 69 • zu Versuchen Vermutungen und Beobachtungen notieren S. 70 • eine Reizwortgeschichte mit vorgegebenem Anfang weiterschreiben S. 71	• zusammengesetzte Nomen kennen lernen und bilden S. 72 • Wortfeld „Wasser" S. 73 • Wörter nach Wortarten sortieren S. 73	• Wörter mit Qu/qu S. 74 • Silbentrennung kennen lernen und anwenden S. 75
Auf der Baustelle 	• einen literarischen Text sinnentnehmend lesen / Fragen zum Text beantworten S. 76/77 • eine Versuchsanleitung verstehen, umsetzen und auswerten S. 79	• eine Geschichte zu einem Bild schreiben S. 78	• Adjektive zu einem Bild sammeln S. 78 • Grund- und Steigerungsformen von Adjektiven finden S. 80 • Wortfamilie „wohnen" / Wortstämme erkennen S. 81	• ck und tz nach kurzem Selbstlaut S. 82 • Ableitungsstrategie bei Verben mit Doppelkonsonanten trainieren S. 83
Unterwegs 	• einen literarischen Text lesen / Fragen zum Text beantworten S. 84 • einen diskontinuierlichen Text lesen und Fragen dazu beantworten S. 85 • einen Comic lesen und verstehen S. 87 • ein Gedicht lesen S. 88	• den Weg der Briefpost mithilfe einer Schemazeichnung aufschreiben S. 86 • einen Erlebnistext (zu einem Comic) schreiben S. 87 • einen Text überarbeiten: passende Verben aus dem Wortfeld „gehen" einsetzen S. 88	• Wortfeld „gehen" S. 88 • Satzarten unterscheiden / Satzschlusszeichen Punkt, Ausrufezeichen, Fragezeichen S. 89 • Satzgrenzen erkennen S. 89	• Großschreibung am Satzanfang S. 89 • Wörter mit ß S. 90 • Wörter im Wörterbuch nachschlagen / einen Text rechtschriftlich überarbeiten S. 91